Friedrich Schiller

Kabale und Liebe

von Hans-Georg Müller

Klett Lerntraining

Dr. Hans-Georg Müller, Fachleiter für Deutsch, Geschichte und Politik an einem Stuttgarter Gymnasium.
Die Zusammenfassungen wurden von der Redaktion Klett Lerntraining erstellt.

Die Zitate aus dem Dramentext beziehen sich auf die Ausgabe:
Friedrich Schiller, Kabale und Liebe, mit Materialien, ausgewählt von Wolfgang Paschke, Leipzig/Stuttgart: Ernst Klett Verlag, 2011.
ISBN 978-3-12-352469-1

Bibliographische Information der Deutschen Bibliothek
Die Deutsche Bibliothek verzeichnet diese Publikation in der Deutschen Nationalbibliografie; detaillierte bibliografische Daten sind im Internet über http://dnb.ddb.de abrufbar

Dieses Werk folgt der reformierten Rechtschreibung und Zeichensetzung. Ausnahmen bilden Texte, bei denen künstlerische, philologische oder lizenzrechtliche Gründe einer Änderung entgegenstehen.

6. Auflage 2025

© PONS Langenscheidt GmbH, Stöckachstraße 11, 70190 Stuttgart 2012
Alle Rechte vorbehalten
www.klett-lerntraining.de/kontakt
Umschlagfoto: AKG, Berlin
Satz: GreenTomato GmbH, Stuttgart
Druck: Multiprint Ltd., Kostinbrod
Printed in Bulgaria
ISBN 978-3-12-923065-7

Inhalt

Thematik und Handlung

Akt I

- Der erste Akt stellt fast alle Personen vor und skizziert den Grundkonflikt des Dramas durch die Kontrastierung der sozialen Schichten.
- I,1: Das bürgerliche Ehepaar Miller hat unterschiedliche Meinungen über die verbotene Liebe ihrer Tochter Luise zu einem Adeligen. Der Vater befürchtet ein sexuelles Abenteuer mit schlimmem Ende für seine Tochter, die Mutter hofft auf den sozialen Aufstieg.
- I,2: Der Sekretär des Präsidenten Wurm, dem Luise eigentlich versprochen war, weiß um die verbotene Liebe. Während die Mutter Wurm mit dem Hinweis, die Tochter habe eine bessere Partie gefunden, zurückweist, befürchtet der Vater die Rache Wurms.
- I,3: Luises Gefühle werden durch die Liebe zu Ferdinand völlig in Anspruch genommen. Durch ihre absolute Liebe, in der sie auch die Liebe zu Gott zu sehen glaubt, hofft sie alle Widerstände überwinden zu können.
- I,4: Auch Ferdinand glaubt wie Luise an die Macht der persönlichen Liebe, die alle gesellschaftlichen Schranken überwindet. Bei ihm zeigt sich aber schon die Eifersucht. Er sieht in Luise eine Art Besitz, über den er zu wachen und ein Recht zu verfügen hat.
- I,5: Wurm informiert den Präsidenten über die Liebe seines Sohnes zu Luise. Der Präsident will eine Heirat seines Sohnes mit Lady Milford, der Mätresse des Herzogs.
- I,6: Hofmarschall Kalb verbreitet am Hof die Absichten des Präsidenten, um vollendete Tatsachen zu schaffen.
- I,7: In einem stürmischen Streitgespräch zwischen Ferdinand und seinem Vater droht dieser, die Familie Miller zu vernichten, wenn Ferdinand nicht Lady Milford heiratet.

Im ersten Akt des Dramas, der aus sieben Szenen besteht, wird das Konfliktgerüst errichtet, werden die Weichen gestellt und die Richtung bestimmt, in der das weitere Geschehen abläuft. Diese Exposition, die Schiller mit sicherem Griff entwirft, wird in der Fachliteratur als

Expositions-funktion von Akt I

eine der gelungensten in der dramatischen Literatur bezeichnet. Alle namentlich genannten Personen des Stücks treten auf. Lediglich Lady Milford (und deren Kammerjungfer Sophie), die Maitresse des Fürsten, die jedoch für den inneren Konflikt nur eine sekundäre Rolle spielt, erscheint erst im zweiten Akt.

Skizzierung des
Konfliktstoffes

In der Exposition erfährt der Zuschauer von dem Geschehen, das den Konflikt auslöst: der Liebesbeziehung des Bürgermädchens Luise Miller mit dem adligen Major Ferdinand von Walter. Schiller stellt aber auch die Vertreter des einfachen Bürgertums gegen die Welt des Absolutismus, gegen den Adel sowie gegen das absolutistische, aus der Bürgerschicht stammende Beamtentum.

Kontrastierung
der sozialen
Schichten

Bereits hier charakterisiert er die wichtigsten Züge der damaligen gesellschaftlichen Gegebenheiten: das arme, ökonomisch und rechtlich völlig abhängige, aber ehr- und traditionsbewusste (Klein-)Bürgertum in der Gestalt des Musikus Miller, dessen Verführbarkeit und dessen „Streben nach Höherem" durch seine Frau; den regierenden Adel, der seinen aus zweifelhaftem Ursprung stammenden Herrschaftsanspruch ohne Skrupel wahrnimmt, in der Gestalt des Präsidenten Walter; den zum Fürstendiener heruntergekommenen Hofadel in der Figur des Hofmarschalls Kalb und schließlich den durch den Verwaltungsdienst aufgestiegenen, nur diesem Dienst verpflichteten fürstlichen Beamten in der Person des Sekretärs Wurm.

Sonderrolle
der beiden
Hauptfiguren

Innerhalb dieser Gruppen spielen die beiden Hauptfiguren, Luise Miller und Ferdinand von Walter, eine Sonderrolle. Beide geben durch ihre Liebe zueinander den eigentlichen Konfliktstoff des Dramas ab, beide stellen aber auch die Verbindung zwischen den gesellschaftlichen Gruppen her. Und schließlich werden beide Gestalten in ihren inneren Gefühlen dem Zuschauer vor Augen geführt.

I,1

> „Der Handel wird ernsthaft. Meine Tochter kommt
> mit dem Baron ins Geschrei." (Miller)

Liebe und Standesschranken

Die erste Szene des Dramas führt in einem Gespräch zwischen dem Ehepaar Miller direkt in medias res. Der

Zuschauer erfährt nicht nur von der Liebe zwischen dem adligen Major und der Bürgertochter, sondern wird gleichzeitig mit der Beurteilung dieser Verbindung aus der Sicht der Eltern des Mädchens bekannt gemacht. Eine ernsthafte Liebesbeziehung zwischen einem Bürgermädchen und einem adligen jungen Mann darf es nicht geben, wenn auch die Mutter das Unmögliche für möglich hält.

Der Musiker sieht völlig richtig: Das persönliche Gefühl der jungen Leute füreinander spielt keine Rolle, für die Öffentlichkeit zählt allein der Standesunterschied. Und öffentlich wird in einer kleinen Residenzstadt derlei leicht; aber öffentlich soll eine Verbindung seiner Tochter mit einem Mann auch werden, denn der Musiker Miller mag keine Heimlichkeiten und für eine oberflächliche Liebelei oder gar eine heimliche Liebschaft ist ihm seine Tochter zu schade. Eine ernsthafte oder gar eheliche Verbindung mit dem jungen Baron ist aber ausgeschlossen. Miller sieht deshalb in der Affäre von Seiten des Ferdinand Walter nur ein sexuelles Abenteuer. Für seine Tochter befürchtet er Schlimmes. Denn: „Mensch ist Mensch"; niemand garantiert die Widerstandskraft des unschuldigen, 16-jährigen Mädchens gegenüber den Wünschen des jungen Mannes. Hier kann nur ein Machtwort des Vaters helfen.

Problem des Standesunterschieds

Also bekundet Miller seine Absicht, dem Major das Haus zu verbieten. Daran ändern auch die Einwände der Frau nichts, die an die Möglichkeit einer ernsthaften Verbindung nur allzu gern glaubt. „Ich heiße Miller" – mit diesem Bekenntnis, welches das Selbstbewusstsein und den Willen des Musikers lakonisch zusammenrafft, endet die erste Szene.

Unterschiedliche Position der Eltern Miller

I,2

> „Dem muss man so was an die Nase heften, wenns morgen am Marktbrunnen ausgeschellt sein soll." (Miller)

Der Kreis der Mitwisser um die verbotene Liebschaft erweitert sich in dieser Szene. Das von Miller befürchtete Hinaustragen der Angelegenheit in die Öffentlichkeit ist so gut wie sicher. Denn: Der Mitwisser ist kein anderer als der Sekretär Wurm, dem Luise so gut wie versprochen

Der Mitwisser Sekretär Wurm

war und der nun endgültig Gewissheit davon erhält, dass seine Zukünftige ihr Herz anderweitig verloren hat. Der Glückliche ist aber der Sohn des Präsidenten, gegen den anzutreten für den mausäugigen, rothaarigen Sekretär völlig ausgeschlossen ist. Zudem: Sowohl Vater als auch Mutter machen ihm in dieser Szene klar, dass sie von ihm als Schwiegersohn nichts mehr halten.

Abweisung
Wurms durch die
Eltern Miller

Die Mutter gibt ihm unmissverständlich zu verstehen, dass nun, da ihre Tochter eine bessere Partie zu machen die schönsten Aussichten hat, so einer wie ein Sekretär nicht mehr in Frage kommt. Vater Miller hat erkannt, dass dieser „Federnfuchser" kein Mann ist, der seiner Tochter gerecht wird. Da er um die Gefährlichkeit eines abgewiesenen und beleidigten Wurm weiß, weist er ihn aber nicht direkt zurück, sondern erklärt, dass seine Tochter die letzte Entscheidung habe, wen sie heiraten möchte. Er, der Vater, werde sie nicht in eine Ehe zwingen. So endet die Szene mit schweren Vorwürfen des Musikers an seine Frau, die durch ihr unüberlegtes „Geträtsch" die Gefahr heraufbeschworen hat, dass die Familie leicht „das siedende Donnerwetter am Halse" haben kann.

Gefahr des
Bekanntwerdens
der Liebschaft

I,3 und I,4

Erster Auftritt
der Hauptfiguren

In diesen beiden Szenen erscheinen die Hauptfiguren des Stücks, Luise Miller (I,3) und Ferdinand von Walter (I,4). Nachdem dem Zuschauer in den ersten Szenen von außen her, von Seiten der Eltern und des Sekretärs Wurm, die Beziehung der jungen Leute beleuchtet wurde, erfährt er nun die „Innensicht", wird also damit bekannt gemacht, wie Luise und wie Ferdinand ihre Liebe zueinander erleben.

Die „Innensicht"
des Konflikts

I,3

> „[…] der Himmel und Ferdinand reißen
> an meiner blutenden Seele." (Luise)

Luise Miller betritt – aus der Kirche kommend, „ein Buch in der Hand" – in der dritten Szene die Bühne. Bereits die ersten Worte, die sie spricht, zeigen ihren inneren Zustand und den Zwiespalt, in dem sie sich befindet, schlagartig auf: „Vater" – „Sünderin" – „er". Da sie nur ihn, Ferdinand nämlich, denken kann („Ah! ich vergaß, dass es noch außer ihm Menschen gibt"), erlebt Luise eine neue Erfahrung und gerät in Gewissensnöte dem geliebten Vater und Gott gegenüber. Das Verhältnis zu dem jungen Mann ist also für sie nicht unproblematisch. Dabei geht es für sie nicht, wie für die Eltern und später für den Präsidenten, um den gesellschaftlichen Standesunterschied, den sie sehr wohl kennt und erkennt. Derartige Hindernisse spielen für sie keine Rolle, denn es fällt ihr offenbar leicht zu bekennen: „Ich entsag ihm für dieses Leben." Somit hebt sich die Liebe zu dem jungen Adligen für Luise in eine andere Dimension. Ihr geht es sozusagen um die „absolute" Liebe, die auf eine Art mystisch-religiöse Vereinigung der Liebenden im Jenseits zielt:

> „[…] dann wenn von uns abspringen all die verhassten Hülsen des Standes – Menschen nur Menschen sind –".

Nein, das Problem für Luise ist die innere Erschütterung, die das junge Mädchen zum ersten Mal in ihrem Leben erfährt, die völlige Inanspruchnahme des Gefühls durch einen geliebten Menschen, die Erfahrung, dass ein geliebter Mensch wichtiger ist als alles andere auf der Welt, wichtiger als Vater und Mutter, wichtiger sogar als Gott. Namentlich die Erfahrung, dass ein Mensch um eines geliebten Menschen willen Gott vernachlässigen, ja sogar vergessen könnte, ist ein erschütterndes Erlebnis für Luise und reißt sie zunächst in einen Zwiespalt zwischen dem „Himmel" und Ferdinand.
Schiller lässt Luise nun eine Theorie entwickeln, nach der sich Gott in dem geliebten Menschen offenbart und nach der die Liebe zu einem Menschen auch Liebe zu Gott ist:

> „Ich wusste von keinem Gott mehr, und doch hatt ich ihn nie so geliebt."

Marginalien:

Luises Zwiespalt

Luises Sicht des Konflikts

Absolutheit der Liebe

Luises Problem: die völlige Inanspruchnahme durch einen anderen Menschen

Theoretische Lösung von Luises Problem

I,4

„Mir vertraue dich. Du brauchst keinen Engel mehr –"
(Ferdinand)

Charakterisierung Ferdinands

Ferdinand von Walter erscheint in der vierten Szene als ein ganz anderer Mensch als Luise. Schon sein Auftritt („Er fliegt auf sie zu"; vgl. auch I,3: „Er springt über die Planke") ist jugendlich stürmisch; Hindernisse scheinen für ihn dafür da zu sein, dass man sie im Sturm überwindet. So sieht er in Luises bekümmertem Zustand nur die Besorgnis über die Gefahren, die ihrer Verbindung aus Standesgründen drohen. Freilich verweigert Luise ihm den Blick in ihr Inneres und bringt selber das Gespräch auf ihre gesellschaftliche Stellung. Wie für Luise spielen diese Zwänge für Ferdinand keine Rolle. Auch er glaubt an die Macht der persönlichen Liebe, in der „die Handschrift des Himmels" erkennbar ist. Anders aber als Luise denkt Ferdinand an die Möglichkeit einer Verbindung der beiden vor und auf dieser Welt, ist er bereit, die gesellschaftlichen Schranken zu überwinden, die Welt um der Liebe willen herauszufordern. Die Kraft, die dieses eigentlich Unmögliche für ihn möglich machen kann, ist neben der Liebe sein „Herz", seine eigene Person:

Liebesbeziehung und Standesgrenzen aus Ferdinands Sicht

„Lass auch Hindernisse wie Gebürge zwischen uns treten, ich will sie für Treppen nehmen und drüber in Luisens Arme fliegen."

Unterschiedliche Wirklichkeitssicht der Liebenden

So nennt er Luises Hinweise auf die soziale Wirklichkeit „vernünftelnd", während er sich nur vom Gefühl und von seiner Kraft leiten lässt. Dass er damit das Mädchen in neue Konflikte reißt, in ihr „wilde Wünsche" erweckt, ihr „den Feuerbrand in[s] junge friedsame Herz" wirft, merkt der Brausekopf überhaupt nicht: „Er folgt ihr sprachlos nach", als sie voller Verwirrung davonstürzt. Aber noch ein anderes Problem wird in dieser Szene deutlich: die Inanspruchnahme Luises durch Ferdinand. Nicht nur dass das Eifersuchtsmotiv Ferdinands hier bereits auftaucht (eine Eifersucht, die sich nicht auf einen vermeintlichen Nebenbuhler – wie später dann – bezieht, sondern darauf, dass er nicht der einzige Gedanke des Mädchens sein könnte, nicht der einzige Mensch für

Eifersuchtsmotiv

sie). Der junge Mann sieht in dem Mädchen auch eine Art Besitz, über den zu wachen und auch zu verfügen er ein Recht habe:

> „Ich selbst – ich will über dir wachen wie der Zauberdrach über unterirdischem Golde – *Mir* vertraue dich. Du brauchst keinen Engel mehr […]."

Die Szene zeigt also auch den egozentrischen Menschen, den „ganzen Kerl" in Ferdinand, der nicht nur die Welt in die Schranken ruft, sondern auch die Menschen, die er liebt, für sich beansprucht.

Ferdinands Egozentrik

I,5–7

In der zweiten Hälfte des ersten Akts macht uns Schiller mit der Gegenwelt bekannt, mit der Welt der absolutistischen Regierung und des Hofes. Schauplatz und Figuren wechseln (Saal beim Präsidenten; der Präsident, Sekretär Wurm – nun als Beamter am Hof – und Hofmarschall Kalb); Ferdinand von Walter tritt jetzt in der Sphäre des Adels auf (I,7).

Darstellung der höfischen Welt

Die bisher entfaltete gesellschaftliche und persönliche Problematik der Liebe zwischen Luise und Ferdinand wird neu beleuchtet. Hierbei ergeben sich andere Fragestellungen als bei der Familie Miller. Freilich, die Frage des Standesunterschieds bleibt bestehen, wenn sie nun auch anders bewertet wird. Die Person und die Zukunft Ferdinands werden unter dem Gesichtspunkt der höfischen und politischen Karriere gesehen; eine ernsthafte Bindung an ein Bürgermädchen kann dabei nur störend wirken. Schiller schürzt einen neuen Knoten, der die Angelegenheit weiter verwickelt: die vom Präsidenten gewünschte Heirat seines Sohnes mit Lady Milford, der Mätresse des regierenden Herzogs.

Die Liebesbeziehung aus der Sicht der höfischen Welt

Neuer Handlungsknoten: die geplante Heirat Ferdinands mit Lady Milford

Gleichzeitig gibt Schiller hier seiner Neigung nach, die Negativfiguren seiner Dramen mit dunklen kriminellen Handlungen in der Vergangenheit zu belasten: Der Präsident und sein Sekretär sind durch „gefälschte Handschriften", die dem alten Walter erst zu der Stellung als Präsident verholfen hatten, anscheinend miteinander verkettet.

Kriminelle Vergangenheit der Gegenfiguren

I,5

„Dass er der Bürgerkanaille den Hof macht [...]."
(Präsident)

Reaktion
des Präsidenten
auf die Liebes-
beziehung

In der fünften Szene treten gerade diese beiden Figuren auf. Wurm, wie von Vater Miller vorausgesehen, informiert den Präsidenten von der Verbindung seines Sohnes mit Luise Miller. Der Präsident reagiert nicht erstaunt, ist es doch üblich, dass junge Adlige mit „Bürgerkanaillen" ein Verhältnis haben; und der Präsident sieht die ganze Angelegenheit, sollte aus dem Verhältnis ein Kind entstehen, mit der gewöhnlichen Geldgabe erledigt. Wurm dagegen ist daran gelegen, den Präsidenten von der Ernsthaftigkeit der Verbindung zu überzeugen. Gelingt es dem Vater nämlich, seinen Sohn von Luise zu trennen, sieht der Sekretär seine Chance bei Millers wieder kommen.

Der Plan des
Präsidenten

Handelt es sich bei der Liebschaft wirklich um etwas Ernstzunehmendes, so muss der Präsident dem Treiben ein Ende setzen. Er kann sich seine Pläne mit dem Sohn nicht durchkreuzen lassen. Dieser soll die Mätresse des Herzogs heiraten und durch diesen Dienst für den Fürsten sich und seinem Vater eine nicht zu erschütternde Stellung am Hof verschaffen. Nur aus diesem Grund ist der Präsident bereit, Ferdinand auf den Zahn zu fühlen.

Kritik an der
höfischen Moral

Bereits in dieser ersten Szene, die in der absolutistischen Welt spielt, kritisiert Schiller die moralische Verfassung des (Hof-)Adels, indem er dessen unmoralische Auffassung von Liebe, Ehe, persönlicher Bindung und persönlicher Ehre mit der vorausgehend gekennzeichneten des Bürgertums kontrastiert.

I,6

„Nun *muss* ja mein Ferdinand wollen [...]." (Präsident)

Die Rolle des
Hofmarschalls

Die negative Kennzeichnung des absolutistischen Hofes wird in der sechsten Szene durch die karikierte Figur des Hofmarschalls Kalb fortgeführt; diese Hofschranze interessiert sich nur für Mode und Hofklatsch und übernimmt es, die Absicht des Präsidenten bezüglich der Heirat seines Sohnes mit Lady Milford in der Residenz zu verbreiten.

Damit meint Präsident Walter, vollendete Tatsachen geschaffen zu haben; nun könne, so glaubt er, sein Sohn nicht mehr anders, als den Willen des Vaters zu erfüllen.

I,7

„Weil meine Begriffe von Größe und Glück nicht ganz die Ihrigen sind –" (Ferdinand)

Die letzte Szene des ersten Akts ist – wie die dritte und vierte – deshalb so wichtig, weil hier nicht nur der äußere Handlungsablauf weitergetrieben wird, sondern weil Schiller darin einem der Protagonisten – Ferdinand – noch einmal Gelegenheit gibt, sowohl seine innere Verfassung als auch seine Lebensauffassung kundzutun. Mit den Heirats- und Zukunftsplänen seines Vaters konfrontiert, schildert Ferdinand in einem intensiven und stürmischen Streitgespräch mit dem Vater seine Auffassungen von Größe, Ehre, Glück, Ehe und Liebe und stellt sie gegen die seines Vaters und gegen die der Praxis im absolutistischen Herrschafts- und Gesellschaftssystem. Der Präsident hält Ferdinand vor, dass seine Verbrechen, durch die er in der Vergangenheit erst in das Vertrauen des Herzogs und in das hohe Amt gelangt sei und die heute noch sein Gewissen beunruhigen, nur das Ziel hatten, seinem Sohn die Karriere zu ebnen. Dem setzt dieser sein „Ideal von Glück" entgegen:

Einblick in die innere Verfassung Ferdinands

Konflikt zwischen Vater und Sohn

Ferdinands Ideal vom Glück

„In meinem *Herzen* liegen alle meine Wünsche begraben."

Er verzichtet auf eine Karriere, die „Furcht, Verwünschung […] Tränen, Flüche, Verzweiflung" anderer Menschen zur Grundlage hat, und sein persönliches Glück stellt er sich anders vor, als sein Vater geplant hat: Eine Ehe hat für ihn Liebe zur Voraussetzung.
Schließlich aber tappt der Jüngling in die vom Vater gestellte Falle. Der Präsident erfährt, was er wissen wollte: Ferdinand liebt das Bürgermädchen. Mit der Drohung, hinter die Geschichte zu kommen und dann – unausgesprochen – die Familie Miller zu vernichten, sowie mit dem Befehl an den Sohn, Lady Milford seine Aufwartung zu machen, verlässt der Präsident die Bühne.

Drohung des Präsidenten / Unterlegenheit Ferdinands

13

Ferdinand muss dem Wunsch des Vaters Genüge tun. Sein Entschluss, die Begegnung mit der Mätresse des Herzogs dazu zu nutzen, dieser den „Spiegel" seiner absoluten Moral vorzuhalten, beendet den ersten Akt.

Akt II

→ II,1: Lady Milford offenbart ihrer Kammerjungfer Sophie ihre Empfindungen. Zwar hat Lady Milford als Mätresse des Herzogs die erstrebte Rolle am Hof erhalten. Ihre Bedürfnisse als Mensch geliebt und geachtet zu werden, gingen aber nicht in Erfüllung. Sie ist bereit, alles am Hof aufzugeben, um Ferdinand als Mensch zu lieben.

→ II,2: Obwohl für den Handlungsablauf nicht so wichtig, ist dies die bekannteste Szene des Stücks. Der Kammerdiener berichtet vom Verkauf von Landeskindern als Soldaten, um den Geldbedarf am Hof zu decken. Lady Milford zeigt sich entsetzt über das Geschehen.

→ II,3: Ferdinand trifft Lady Milford. Zunächst fühlt er sich mit seinen idealistischen Moralvorstellungen überlegen. Im Laufe des Dialogs wird er aber immer vertrauter und gesteht Lady Milford seine Liebe zu Luise. Die Lady sieht die Sache realistisch und glaubt, dass sich Ferdinand den Erwartungen seines Vaters nicht wird entziehen können.

→ II,4: Luises Vater hofft durch ein persönliches Gespräch mit dem Präsidenten noch das Schlimmste abwenden zu können.

→ II,5: Ferdinand spricht bei Luises Eltern von seinem Entschluss, „Ungeheuerliches" zu tun. Die Millers fürchten um ihre Existenz. Luise steht zwischen dem Absolutheitsanspruch Ferdinands und der Angst ihrer Eltern.

→ II,6 und 7: Der Präsident erscheint mit Vollzugsbeamten bei den Millers, um der Verbindung ein Ende zu machen. Die handgreifliche Auseinandersetzung wird erst beendet, als Ferdinand seinem Vater droht, alte Geheimnisse zu erzählen.

Der zweite Akt spinnt die im ersten geknüpften Handlungsfäden weiter und führt zu einem ersten Höhepunkt. Der Handlungsstrang, den der Präsident geknüpft hat, die gewünschte Heirat seines Sohnes mit der Mätresse des Herzogs, füllt den ersten Teil des Akts (Szenen 1–3). Er spielt in einem „Saal im Palais der Lady Milford" und hat als End- und Höhepunkt die Begegnung der Lady mit Ferdinand (II,3).
Der zweite Teil des Akts (Szenen 4–7) führt zurück zur Familie Miller, spielt wieder im „Zimmer beim Musikanten" und hat deren Schicksal nach der Entdeckung der Liebschaft seines Sohnes mit Luise Miller durch den Präsidenten zum Inhalt.

Zweiteilung von Akt II: zwei Handlungsstränge

Die beiden ersten Szenen dienen der Vorbereitung der Begegnung Lady Milfords mit Ferdinand. In ihnen wird der Zuschauer mit dem Charakter und den Anschauungen der Lady sowie mit den Verhältnissen im Herzogtum bekannt gemacht. So vorbereitet kann man die von Ferdinand (in I,7) als Abrechnung gedachte Unterredung erwarten.

Vorbereitung der Begegnung zwischen Lady Milford und Ferdinand

II,1

> „[…] ich habe dem Fürsten meine Ehre verkauft, aber mein Herz habe ich frei behalten –" (Lady Milford)

Schiller stellt Lady Milford nicht in ihrer Funktion als Mätresse des regierenden Fürsten vor, sondern zeigt sie als Privatperson. Schon ihr Auftreten im „Negligé" und „unfrisiert" deutet darauf hin. In dem folgenden Gespräch mit ihrer Kammerjungfer Sophie offenbart die Lady ihr Innerstes. Die Erregung, hervorgerufen durch die ersehnte und doch gefürchtete Begegnung mit Ferdinand, von dem sie nicht weiß, wie er zu dem Heiratsplan steht, bringt sie dazu, der Kammerjungfer ihre innersten Gedanken und Gefühle zu enthüllen. Wir erleben die Lady als eine Frau, die sich in der oberflächlichen Umgebung des Hofes, in der sie lebt, nicht wohl fühlt, die sich nach wirklichen Menschen, nicht nach Marionetten des Fürsten sehnt. Gleichzeitig wird der Zwiespalt offenbar, in dem sich die Lady befindet: als Geliebte des Herzogs hat sie wohl die erstrebte erste Rol-

Lady Milford als Privatperson

Einblick in Lady Milfords Inneres

Lady Milfords Zwiespalt

Unzufriedenheit mit der Mätressenrolle

le am Hofe erobert, aber ihr Bedürfnis, als Mensch gebraucht, geachtet und geliebt zu werden, blieb unerfüllt. Ihrem „großen und feurigen Herzen" fehlt der ebenbürtige Partner. Ihr inneres Gefühl ist nicht befriedigt:

> „Mein Herz hungert bei all dem Vollauf der Sinne, und was helfen mich tausend bessre Empfindungen, wo ich nur Wallungen löschen darf?"

Lady Milfords Liebe zu Ferdinand

So bekennt sie, dass sie ihr „Herz" „frei behalten" habe, frei behalten für einen Menschen, den sie wirklich lieben kann. Und dieser Mensch ist Ferdinand von Walter; für eine Verbindung mit ihm ist sie bereit, ihr bisheriges Leben aufzugeben und mit ihm „in die entlegenste Wüste der Welt" zu fliehen. Was also bisher dem Zuschauer als raffinierter Plan des Präsidenten erschien, die Ehe Ferdinands mit der Mätresse des Herzogs, entpuppt sich nun als innerster Wunsch der Lady, geboren aus wirklicher Liebe zu dem jungen Major.

Präsident Walters Plan – in Wirklichkeit Lady Milfords Wunsch

Zum ersten Mal im Stück spricht Lady Milford ihrer Kammerjungfer gegenüber die Worte aus, die dann dem gesamten Drama zum Titel wurden:

> „[…] du und die Welt stehen im Wahn, sie [die Verbindung] sei eine *Hofkabale* – […] sie ist das Werk – *meiner Liebe.*"

Mit dieser Wendung kompliziert Schiller das Geschehen weiter und macht das Gelingen der Absicht Ferdinands, der Lady seine Wahrheiten ins Gesicht zu schleudern und damit die Heiratspläne mit einem Streich zu beseitigen, fraglich.

II,2

> „Gestern sind siebentausend Landeskinder nach Amerika fort – Die zahlen alles." (Kammerdiener)

Bekannteste Szene des Stücks

Diese Szene ist wohl die meistzitierte des Stücks, obwohl sie für den eigentlichen Handlungsablauf und die dramatischen Konflikte lediglich als Folie dient, indem sie die unmenschlichsten Praktiken aufzeigt, mit denen der Geldbedarf für die absolutistische Hofhaltung gedeckt wurde. Den Verkauf von „Landeskindern" als Soldaten an eine Krieg führende Macht, in diesem Fall an England für den Krieg in den nordamerikanischen Kolonien gegen die Unabhängigkeitsbestrebungen der Kolonisten.

Die beißende Kritik und die realistische Anklage, mit denen Schiller in dieser Szene den Soldatenhandel der deutschen Duodezfürsten geißelt, machten diese Szene so berühmt. In der Schilderung des Kammerdieners, der im Auftrag des Herzogs der Lady ein überaus kostbares Brillantendiadem als Hochzeitsgabe überbringt, spiegeln sich das schreckliche Schicksal und die ganze Verzweiflung der betroffenen Untertanen. Lady Milfords Reaktion auf die Schilderung vom Elend der Menschen ist aber für die dramaturgische Weiterführung des Stücks wichtiger; hier zeigt Schiller nochmals den wahren Charakter der Lady auf. Sie zeigt sich entsetzt über das Geschehen, will dem armen Mann, dessen Söhne ebenfalls verkauft wurden, helfen und entschließt sich, die Edelsteine zu veräußern – trotz der Gefahr, sich dadurch den Zorn des Fürsten zuzuziehen – und den Erlös hilfsbedürftigen Familien zukommen zu lassen:

> „Es ist besser, falsche Juwelen im Haar, und das Bewusstsein dieser Tat im Herzen zu haben."

Mit dem Begriff „Herz" führt die Szene wieder zu dem eigentlichen Ausgangspunkt des Akts zurück: Lady Milford erwartet voller Unruhe den Besuch Ferdinand von Walters. Mit der Ankündigung seines Erscheinens endet diese Szene.

Kritik an den absolutistischen Zuständen in der Schilderung des Kammerdieners

Lady Milfords Reaktion

II,3

> „Ich *liebe*, Mylady –" (Ferdinand)
> „Weil ich es *muss*." (Lady Milford)

In der dritten Szene wird der Handlungsstrang um die geplante Heirat Ferdinands mit der Lady durch die Begegnung der beiden zu einem Höhepunkt geführt. Vergegenwärtigen wir uns noch einmal die Ausgangspositionen: Die Verbindung, vom Präsidenten gegen den Willen seines Sohnes in Gang gesetzt, ist inzwischen publik geworden; damit, so glaubt der Präsident, könne sein Sohn nicht mehr anders, als der Heirat zuzustimmen. Ferdinand dagegen, in seinem Streben, gegen alle Widerstände der Außenwelt das Recht auf seine Liebe zu

Höhepunkt des Handlungsstranges

Unterschiedliche
Gesprächs-
erwartungen

Luise zu behaupten, hat die Absicht, durch eine Unterredung mit der Mätresse eine Heirat mit ihr unmöglich zu machen. Die Lady endlich erwartet, mit dem von ihr geliebten Major ein neues Leben beginnen zu können, in dem sie ihre wahren Bedürfnisse verwirklichen kann. Zu Beginn der Unterredung hat weder Ferdinand von der Liebe der Lady zu ihm, noch hat die Lady von der Liebe Ferdinands zu Luise Kenntnis. Ferdinand sieht in Lady Milford nur die Geliebte des Herzogs, die ihre Ehre einem prunkvollen Leben geopfert hat und deretwegen das Land ausgesaugt wird. So glaubt er sich in einer moralisch gesicherten Position.

Konstellation
im Dialog

Schiller stellt mit Ferdinand den idealistischen Moralisten, der nur seine Vorstellungen sieht, der Lady gegenüber, die dem Feuerkopf ihre Position entgegenhält. So entwickelt sich eine eigenartige Konstellation in dem Dialog der beiden: Der zunächst vom hohen Podest seiner angeblich unanfechtbaren Moralvorstellungen aus argumentierende Ferdinand fällt rasch ins Gegenteil, kommt zu einer Vertraulichkeit („Ihnen mein geheimstes Gefühl nicht zurückzuhalten" und „ich muss Ihnen ein Geständnis tun") gegenüber einer Person, die moralisch zu vernichten er angetreten war.

Entwicklung
des Dialogs

Diese Entwicklung verläuft folgendermaßen: Wie auf dem Exerzierplatz meldet der Major den Grund seines Erscheinens („Und soll Ihnen *melden*, dass wir uns heuraten –") und kommt dann gleich zu seinem eigentlichen Anliegen: der fürstlichen Mätresse seine Verachtung zu zeigen. Dies gipfelt in einer persönlichen Beleidigung:

> „[…] sobald Sie mich nur überzeugt haben werden, dass der Preis [gemeint ist die Lady] nicht *schlimmer* noch als das *Opfer* [der Verlust seiner Ehre] ist."

Ferdinands
Meinungs-
umschwung

Ein einziger Einwurf der Lady („Das habe ich nicht verdient") wendet den Ton: Ferdinand ist nun entschlossen, vertraulich mit ihr zu sprechen; er äußert sein Erstaunen darüber, dass „die frei geborene Tochter des freiesten Volks unter dem Himmel" sich an einen lasterhaften deutschen Fürsten wegwerfen konnte. Mit der darauf folgenden Ausbreitung ihres Schicksals gelingt es Lady Milford, den Major zu erschüttern, und die Darlegung ihres segensreichen Wirkens im Fürstentum („Ich stellte mich zwischen das Lamm und den Tiger" und „dein

Vaterland, Walter, fühlte zum ersten Mal eine Menschenhand") stürzt Ferdinand völlig in Verwirrung („rennt in der heftigsten Unruhe durch den Saal") und wirft seine ursprünglichen Pläne für die Unterredung über den Haufen („Sie sollten sich von Anklagen reinigen, und machen mich zu einem Verbrecher"). Den menschlichen Forderungen der Lady an ihn („Wenn diese Unglückliche […] sich so – in deine Arme wirft – durch *dich gerettet*") kann er nur standhalten, indem er seinerseits zu einem Geständnis greift: Er offenbart seine Liebe zu Luise und gleichzeitig seinen Entschluss, diese Liebe über alles zu stellen.

Gegenseitige Geständnisse

Ferdinand bedenkt die Situation nicht, nicht irgendwelche möglichen Folgen; er setzt seine Liebe absolut, stellt sie auf die höchste Stufe und misst sie mit dem Schicksal der Menschheit:

Absolutheitsanspruch von Ferdinands Liebe

> „Mein Entschluss und das Vorurteil [d. h. die Vorsehung]! – Wir wollen sehen, ob die *Mode* oder die *Menschheit* auf dem Platz bleiben wird."

Mit dem Hinweis auf die Verhältnisse hier auf Erden, auf die bestehende Situation stellt Lady Milford das Problem wieder auf eine reale Basis. Die Heirat muss vollzogen werden:

> „Unsre Verbindung ist das Gespräch des ganzen Landes."

Die Szene hat auch deshalb eine Schlüsselfunktion, weil Schiller erneut die idealistische Sicht der realistischen gegenüberstellt. Mit aus der Tiefe der menschlichen Erschütterung stammenden Anliegen konfrontiert, bleibt dem Idealisten Ferdinand erneut nur Hilflosigkeit: „Der Major bleibt in sprachloser Erstarrung stehn." (Siehe auch I,4.)

Kontrastierung von idealistischer und realistischer Sicht

Der Grund für die Verwirrung liegt in der Isoliertheit des absolut denkenden und fühlenden Majors, der seine Gefühle, sein Schicksal nur an den höchsten Instanzen misst, der keine wirkliche Beziehung zu seinem Gegenüber sucht und keine Rücksicht auf die reale Situation nimmt. („Das ist wider die Abrede", weiß er der Lady nur zu entgegnen. Man muss fragen: Welcher Abrede denn, mit wem getroffen? Keinesfalls mit seinem Gegenüber, allenfalls mit sich selbst.)

Offener Ausgang der Szene

Für den weiteren Handlungsgang lässt die Szene alles offen: Ferdinand bleibt entschlossen, seinem Herzen zu folgen und sich gegen die Pläne seines Vaters zu stellen: „Aber ich liebe"; die Lady wird alle Hebel in Bewegung setzen, die Verbindung mit ihm zu realisieren („Weil ich es *muss*"), da das Gerücht von der bevorstehenden Heirat in der Residenz umläuft.

II,4−7

Schauplatz-wechsel: das Schicksal der Millers

Im zweiten Teil dieses Akts wechselt der Schauplatz: Die folgenden Szenen spielen im „Zimmer beim Musikanten". Damit rückt Schiller das Schicksal der Millers wieder in den Mittelpunkt. Die Szenen zeigen die Folgen, die die Weigerung Ferdinands, eine Heirat mit der Lady einzugehen, für die Familie hat. In die Sphäre der Kleinbürger bricht die Macht der Herrschenden ein; Hilflosigkeit, Ausgeliefertsein, Angst werden sichtbar, Vernichtung droht. Die Handlung treibt zunächst einer äußeren Zuspitzung zu und führt zu einer überraschenden vorläufigen Verlangsamung im dramatischen Geschehen.

Zuspitzung und Verlangsamung des dramatischen Geschehens

II,4

„Der Wurm hat geplaudert." (Miller)

Bekanntwerden der Liebschaft

Die Befürchtungen des Musikers, dass der abgewiesene Sekretär die Kunde von der Liebschaft in der Residenz ausstreuen werde, bestätigt sich: Ein „Kerl des Ministers" erkundigt sich nach dem Musiker. Miller glaubt noch, das Schlimmste abwenden zu können, wenn er selber die Sache dem Präsidenten eröffne.

II,5

„Der Präsident! Es ist aus mit uns!" (Frau)

Bedrohung durch den Präsidenten

In dieser Szene wird Gewissheit, dass dem Zugriff des Präsidenten nicht zu entkommen ist. Ferdinands eröffnende Worte: „War mein Vater da?" stürzen die Familie Miller in Verzweiflung und führen gleichzeitig zu einer verfremdeten Situation: Ferdinand meint mit seiner Frage etwas anderes, als die Millers sie verstehen. Er denkt dabei an eine mögliche Mitteilung durch seinen Vater über die geplante Heirat mit Lady Milford und befürchtet wohl eine negative Reaktion Luises darauf. Für die Millers jedoch geht es um ihre Existenz: Verhaftung, ja Vernichtung drohen ihnen durch den Präsidenten.

Von dieser paradoxen Ausgangssituation her ist die Szene in ihrem Ablauf und sind die Personen in ihren Haltungen zu verstehen. Ferdinand geht es darum, Luise und den Eltern klarzumachen, dass er durch die Lady in einen Zwiespalt geworfen wurde, aber siegreich aus dem inneren Konflikt hervorgegangen ist. Miller und seine Frau dagegen bangen um ihre Zukunft. Wieder schwingt sich Ferdinand in die reine Luft des Absoluten empor:

Paradoxe Ausgangssituation

> „Ich will sie führen vor des Weltrichters Thron, und ob meine Liebe Verbrechen ist, soll der Ewige sagen. […] Frei wie ein Mann will ich wählen, dass diese Insektenseelen am Riesenwerk meiner Liebe hinaufschwindeln."

Er hat einen „Entschluss" gefasst, etwas „Ungeheuerliches" zu tun, und macht sich daran, ohne Gespür für die seelische Not seiner Geliebten, die ihn gerade jetzt braucht, fortzueilen und die völlig verstörte Familie allein zu lassen. Miller muss ihn fast gewaltsam in die reale Situation zurückrufen.

Luise ist das Opfer, sie wird in dieser Szene zwischen den Absolutheitsanspruch Ferdinands und die kreatürliche Angst ihrer Eltern geworfen; sie ist an beide Seiten gebunden und erhält von keiner menschliche Hilfe. Ihr Vater, in seiner Verzweiflung, sieht nur den Major als Gegenüber:

Luise als Opfer

> „[…] bei Gott, *(ihm seine Tochter zuschleudernd, wild und heftig)* du sollst mir zuvor diesen wimmernden Wurm zertreten, den Liebe zu dir *so* zuschanden richtete."

Und ihr Geliebter, entschlossen, Großes, aber Ungewisses zu tun, denkt nur an sich: „Du sollst mir bleiben". (Was das Mädchen wirklich gebraucht hätte, wäre die entgegengesetzte Versicherung gewesen: Ich werde dir bleiben.)

Die Szene endet effektvoll: Ferdinand „eilt schnell fort und rennt – gegen den Präsidenten."

II,6 und II,7

„[...] unterdessen [...] erzähl ich der Residenz
eine Geschichte, *wie* man *Präsident* wird." (Ferdinand)

Zuspitzung

Schiller spitzt in den letzten beiden Szenen des zweiten Akts das dramatische Geschehen äußerst straff zu, er stellt Willkürherrschaft (Präsident) gegen Untertanenangst und Bürgerstolz (Miller), Vater (Präsident) gegen Sohn (Ferdinand).

Der Präsident erscheint mit Bediensteten und Gerichtsdienern, mit Vollzugsbeamten also, um der Verbindung seines Sohnes mit der „Hure" ein Ende zu machen, er schreckt vor keiner noch so erniedrigenden Beleidigung Luises und ihrer Eltern zurück und reagiert auf die Empörung des Musikers ob dieser Behandlung mit harter Willkür: „Vater ins Zuchthaus – an den Pranger Mutter

Drohungen des Präsidenten

und Metze von Tochter!", ja, er droht dem Musiker: „Es stehen noch Galgen leer." Das Geschehen steigert sich bis zur handgreiflichen Auseinandersetzung, in die sogar der Präsident selbst verwickelt wird – eine äußerst bewegte Handlung, die auf ihrem Höhepunkt durch eine überraschende Wendung ein Ende nimmt: Ferdi-

Reaktionen Ferdinands

nand greift zum letzten, zum „teuflischen" Mittel, um Luise zu retten. Er setzt sich über jede Rücksicht auf seinen Vater hinweg, indem er droht, die Verbrechen des Präsidenten in der Vergangenheit publik zu machen. Mit dieser Ankündigung erzielt er eine verblüffende Wirkung: Der Präsident erstarrt „wie vom Blitz gerührt" und befiehlt den Dienern: „Lasst sie ledig".

Scheitern der Intrige des Präsidenten

Mit diesem überspitzten Abschluss der Szene wird das dramatische Geschehen abrupt verlangsamt: Die bisherigen Handlungsfäden der „Kabale" sind gerissen, der Plan des Präsidenten ist gescheitert, die (äußere) Gefahr für die Millers vorerst gebannt.

Realistisches Handeln Ferdinands

Ferdinand handelt hier das erste Mal im Stück realistisch, tritt den Gegenspielern mit gleichen Mitteln entgegen. Oft wird auf die psychologische Unwahrscheinlichkeit im Verhalten des Präsidenten hingewiesen. Der sonst so kluge und Intrigen gewohnte Mann hätte wissen müssen, dass er einem idealistischen Moralisten wie seinem Sohn nie das Geheimnis seiner Verbrechen hätte anvertrauen dürfen. Solche Überlegungen sind müßig, weil sie Schiller nicht gerecht werden. Dem Dichter

kam es eigentlich nie auf psychologische Wahrschein-
lichkeit an, sondern stets auf dramatische Effektivität.
Wie in der Theaterpraxis üblich, folgt auf den zweiten
Akt eine Pause in der Aufführung. Schiller hat diesen
Einschnitt dramaturgisch geschickt genützt.

Dramatische Effektivität statt psychologischer Wahrschein-lichkeit

Akt III

Akt III

⇒ III,1: Der Präsident und sein Sekretär Wurm entwickeln die Kabale. Wurm weiß, dass Ferdinand seine eigene Liebe über die Geliebte stellen wird, was ihn zur Eifersucht prädestiniert. Luise soll gezwungen werden, einen Liebesbrief an einen fingierten Geliebten, den Hofmarschall Kalb, zu schreiben. Damit Luise dies tut, soll der Vater in Gefahr gebracht werden.

⇒ III,2: Der Präsident erklärt dem Hofmarschall, dass er bei der Intrige mitspielen muss.

⇒ III,3: Wurm berichtet von der Verhaftung Millers.

⇒ III,4: Der innere Konflikt zwischen den Liebenden wird thematisiert. Ferdinands Begriff der „Liebe" wird Luises „Pflicht" gegenübergestellt. Ferdinand will fliehen, Luise weigert sich wegen der Bindung an ihren Vater. In Ferdinand wird der völlig unbegründete eifersüchtige Verdacht eines Geliebten hervorgerufen.

⇒ III,5 und 6: Wurm treibt Luise so in die Enge, dass sie den verhängnisvollen Brief an den fingierten Geliebten schreibt.

Im dritten Akt setzt die Kabale neu an, nachdem der erste Plan des Präsidenten gescheitert ist. Das Vorgehen der Herrschenden nimmt keine Rücksicht mehr auf irgendeine Menschenwürde der Angegriffenen; es schließt deren Vernichtung mit ein.

Neuer Handlungsknoten: die zweite Intrige

Es ist der Akt des Sekretärs Wurm und des Opfers Luise. Im ersten Teil entwickeln Wurm und der Präsident den neuen Plan (Szenen 1–3), mit dessen Hilfe Ferdinand endgültig von Luise getrennt werden soll. Die vierte Szene stellt einen Einschnitt in das Geschehen der Kabale dar; hier werden die Positionen der beiden Liebenden zu diesem Zeitpunkt der Entwicklung gezeigt. Im letzten

Die drei Teile des III. Akts

Teil des Akts (Szenen 5 und 6) vollzieht sich der teuflische Plan des Sekretärs an seinem Opfer Luise.

III,1

„Machen Sie ihm das Mädchen verdächtig –"
(Wurm)

Menschen als Objekte der Herrschenden

Schiller benutzt diese Szene, um noch einmal die menschenverachtende Denkweise und Handlungsart der Herrschenden anzuklagen. Für sie sind Menschen nur Objekte, mit denen sie nach Belieben umspringen können.

Im „Saal des Präsidenten" treffen sich dieser und sein Sekretär Wurm. Der Präsident muss bekennen: „Der Streich war verwünscht." Aber sein Mitverschwörer bei den früheren Verbrechen weiß Abhilfe. Der „Lehrling" erweist sich dem „Meister" im Aushecken teuflischer Pläne überlegen. Wurm entwickelt das neue Vorgehen; Ferdinand soll an seiner schwachen Stelle gepackt werden, an seiner Eigenliebe. Der bürgerliche Schurke kennt die Menschen besser als der aristokratische: Ferdinand liebt seine eigene Liebe mehr als die Geliebte, er ist also geradezu prädestiniert für die Eifersucht.

Wurms neuer Plan

Ferdinands Eifersucht und Luises Liebe zum Vater als Ansatzpunkt für die Intrige

Also muss ein Verdacht her. Dazu benötigt man aber die Mithilfe des geradlinigen, einfachen Bürgermädchens. Wie ist Luise dazu zu bewegen, den Geliebten zu hintergehen? Auch hier weiß Wurm Rat: Der Hebel ist Luises Liebe zu ihrem Vater. Bringt man den Vater in Gefahr, so ist die Tochter zu vielem, wenn nicht zu allem bereit („Sie *muss* in die Falle gehn"). Dass sie dem Major das Vorhaben verschweigen wird, dafür wird ein abgezwungener Eid sorgen; denn „bei dieser Menschenart" gilt ein Eid etwas, weiß Wurm den zweifelnden Präsidenten zu beruhigen. So wird Luise, dessen ist sich Wurm sicher, den geforderten Brief an einen fingierten Geliebten schon schreiben. Das notwendige Medium, um bei Ferdinand die Eifersucht zu erzeugen, ist schnell gefunden: der Hofmarschall Kalb.

Gewalt gegen das Bürgermädchen

Schiller stellt in dieser Szene klar: Opfer können nur die Bürger sein, der Adelssohn wird geschont, ihn braucht man für die weiteren Pläne. List also wird angewandt in

Bezug auf den Major, nackte Gewalt aber gegen das Mädchen.

III,2 und III,3

„Nun gehts nach Wunsch." (Präsident)

Die beiden Szenen zeigen, dass die Voraussetzungen für das Gelingen des Plans geschaffen sind. In der zweiten Szene überzeugt der Präsident den ängstlichen Hofmarschall davon, dass diesem keine andere Wahl bleibt, als in der Kabale mitzumachen.

Hofmarschall Kalb als Mitspieler der Intrige

In der dritten berichtet Wurm, dass Miller und seine Frau „in Verhaft" gebracht worden sind. Das teuflische Spiel mit Menschen kann beginnen.

III,4

„Lass *mich* die Heldin dieses Augenblicks sein –" (Luise)

Die Szene lenkt das Augenmerk auf die beiden Hauptfiguren zurück. Schiller stoppt den rasanten Gang der Intrige und zeigt einen Blick in die innere Verfassung der beiden Liebenden an diesem Punkt der Ereignisse. Er bringt damit in die Handlung eine Tiefenstruktur des Menschlichen hinein. Die Szene hat eine entscheidende Gelenkfunktion für den „inneren Konflikt" zwischen den beiden Hauptfiguren: Schiller stellt Ferdinands Begriff der „Liebe" dem der „Pflicht", wie Luise ihn sieht, entgegen. Insofern ist diese Szene als die Peripetie (die entscheidende Schicksalswende im Drama) zu sehen. Der Major entwickelt seinen konkret-realistischen Plan (Flucht), Luise verweigert sich wegen der Bindung an ihren Vater und wegen ihres Wissens um die menschlichen Unzulänglichkeiten. Sie ruft damit den völlig unbegründeten eifersüchtigen Verdacht ihres Geliebten hervor.

Blick ins Innere der beiden Liebenden: Konflikt zwischen Liebe und Pflicht

Peripetie des Dramas

Ferdinand betritt die Szene hochgestimmt; jetzt ist die äußerste Gefahr da, die er benötigt, um einen „Gedanken, groß und vermessen" zu denken, um seine Liebe wirklich absolut zu setzen (*„Du*, Luise, und *ich* und die *Liebe!* – Liegt nicht in diesem Zirkel der ganze Himmel? oder brauchst du noch etwas Viertes dazu?"), um den

Hinwegsetzen über die Standesunterschiede

„Riesensprung" zu wagen, sich über alle Standesgrenzen, über alle Rücksichten des Sohnes gegenüber dem Vater endlich hinwegzusetzen und mit Luise zu fliehen.

Die Erinnerung Luises an die Pflicht, die der Mensch hat, lässt den Himmelsstürmer ins Leere fallen. Er kann nichts anderes denken als seine Liebe, und so ist erklärbar, dass er den geliebten Menschen, den er eben noch als Engel seiner Leidenschaft gesehen hat, nun geradezu

Ferdinands Eifersucht

niedrig verdächtigt: „Ein Liebhaber fesselt dich". So kann nur ein in seine eigene Liebe Verliebter, ein der realen Situation völlig Entrückter sprechen.

Luises Motive

Die Motive Luises für ihre Haltung sind vielschichtig: Sie fühlt eine Verpflichtung gegenüber ihrem Vater, den sie in der Stunde der Not nicht verlassen kann, sie sieht auch eine Sohnespflicht Ferdinands gegenüber dem Präsidenten, der Sohn darf den Vater nicht vernichten. Sie erkennt und anerkennt die Schranken der Standesgesellschaft. Im „Frevel" mit Ferdinand leben, das kann sie sich nicht vorstellen, und Frevel wäre ein auf solche Voraussetzungen aufgebautes gemeinsames Leben, das „die Fugen der Bürgerwelt auseinandertreiben, und die allgemeine ewige Ordnung zugrund stürzen würde". Aus diesen Gründen entsagt sie dem Geliebten. (Siehe auch Luises Position in I,3.)

Neue Bereitschaft zum Verzicht

Schiller stellt in dieser Szene Luise als die Handelnde dar, die bereit ist, Verantwortung und Entscheidung auf sich zu nehmen und die persönlichen Folgen zu tragen:

> „*Ich* bin die Verbrecherin [...], mein Unglück ist meine *Strafe*, so lass mir doch jetzt die süße, schmeichelnde Täuschung, dass es mein *Opfer* war".

Ferdinands Unverständnis

Ferdinand erkennt auch in dieser Situation nicht die seelische Not des Mädchens; er fühlt in einer anderen Dimension: In „Zerstreuung und Wut" zerstört er eine Violine, hört dem Mädchen nicht einmal richtig zu. In dieser symbolisch zu verstehenden Handlung bringt Schiller dem Zuschauer den „inneren Konflikt" der beiden Figuren gleichsam schlaglichtartig ins Bewusstsein. Man hat die Haltung Luises als vom kleinbürgerlichen Bewusstsein her geprägt gedeutet, in ihr den nicht emanzipierten, von vorgegebenen Normen abhängigen unmündigen Menschen gesehen. Dabei wird vor allem die Gleichsetzung der „Bürgerwelt" mit der „ewigen

Ordnung" durch Luise herangezogen. Genauso berechtigt ist jedoch die konträre Sichtweise: Luise als der Mensch mit echten ethischen und religiösen Bindungen, als die Figur im Stück, die als einzige echte menschliche Gefühle besitzt, aber auch als ein Mensch, der seine eigenen Grenzen und die seiner Mitmenschen zumindest spürt und dementsprechend handelt. Schließlich nimmt sie Verzweiflung, Vereinsamung in Kauf, überwindet ihre Gefühle, um der Notwendigkeit gerecht zu werden. Die Schlüsselworte dieser Szene – „Liebe" und „Pflicht" – stellen einen für Schiller typischen dramatischen Konflikt dar.

Bewertung von Luises Haltung

III,5 und III,6

„Nunmehr ist alles gleich. Diktieren Sie weiter." (Luise)

Schiller zeigt in den beiden letzten Szenen des dritten Akts, wie das Netz, in dem sich Ferdinand verfangen soll, über Luise geworfen wird.

Durchführung der Intrige

Luise, von Ferdinand „schnell verlassen", muss in dieser verzweifelten Lage dem Sekretär gegenübertreten. Wie vorauszusehen kann das völlig verwirrte Mädchen dem gewissenlosen, mit allen Mitteln seelischer Grausamkeit arbeitenden Mann nicht Widerstand leisten. Der Sekretär treibt Luise so in die Enge, dass sie den verhängnisvollen Brief an den fingierten Geliebten schreibt: „Ich denke nichts mehr. Ich weiche der überlistenden Hölle." Die Not, in der sich Luise befindet, wird auf den Höhepunkt getrieben. Wurm jagt das geplagte Menschenkind kaltblütig in höchste Verzweiflung:

Erpressung durch Wurm

„LUISE *(die Hände ringend auf und nieder)*: Nein! Nein! Nein! Das ist tyrannisch, o Himmel! Strafe Menschen menschlich, wenn sie dich reizen, aber warum mich zwischen zwei Schröcknisse pressen? Warum zwischen Tod und Schande mich hin und her wiegen? Warum diesen blutsaugenden Teufel mir auf den Nacken setzen?"

Luises Verzweiflung

Der dritte Akt endet mit dieser qualvollen Szene und entlässt den Zuschauer in einer bedrückenden Gewissheit: Die Kabale scheint diesmal so fein gesponnen, dass sich Ferdinand in ihr verfangen und Luise ihr Opfer werden wird.

Spannung auf den Fortgang

Akt IV

Die Zweiteilung des IV. Akts

Der vierte Akt mit seinen neun Szenen zerfällt in zwei wenig zusammenhängende Teile. In den Szenen 1–5 konkretisiert sich die Eifersucht Ferdinands; die Szenen 6–9 stellen die beiden Frauengestalten – Lady Milford und Luise – einander gegenüber.

Verzögerung des dramatischen Handlungsgangs

Für den dramatischen Handlungsgang hat der vierte Akt wenig Notwendigkeit. Die entscheidenden Schläge der Kabale erfolgten bereits im dritten Akt, genauso wie die Entfremdung der beiden Liebenden voneinander (III,4). Ferdinand ergab sich der Eifersucht; was nun folgt, ist eine Steigerung bis hin zur zerstörenden Leidenschaft. Luise hat sich von ihrem Geliebten gelöst, musste sich der Kabale ergeben.

Frage nach der dramaturgischen Funktion

So hat dieser Akt den Interpreten stets Rätsel aufgegeben; er ist häufig kritisiert, seine dramaturgische Überflüssigkeit herausgestellt worden. Diese Einwände beziehen sich vor allem auf den zweiten Teil des Akts. Schiller gibt hier seinem Hang zu effektvoller Kontrastierung nach – zu Lasten der Kontinuität seiner Figuren:

> „Gerade das, was uns heute die Begegnung zwischen der Lady und Luise so schwer erträglich macht, erklärt sich ohne weiteres aus der Neigung des jungen Schiller, solche Kontrast-Szenen ganz und gar auszuschöpfen: die Konsequenz aus der

Situation, das Verlangen nach Wirkung, genauer nach Rührung
– sie machen Luise zur altklugen Demonstrantin ihres Jammers,
die Lady zur aufgedonnerten Grandedame. Die bravouröse Be-
redsamkeit beider Frauen, die ihre Paradeszene haben, […]
hebt sich dergestalt notwendig ab von dem vorhergehenden
Ausdruck beider Figuren." (G. Storz, 1963, S. 107f.)

Anders kann dieser Akt von der dramatischen Komposition des Stücks aus beurteilt werden:

„Der vierte Akt erhält seinen Antrieb durch die Verkehrung der
Situation infolge des Gelingens der Intrige: der Präsident gibt
scheinbar nach, Lady Milford verzichtet. Nach drei ungemein
beschleunigten, handlungsgedrängten Akten ist der langsa-
mere Gang des vierten durchaus im Sinne einer dramatischen
Ökonomie […]. Sein Thema muß sein: einerseits die Wirkung
der von Wurm ausgeheckten Machenschaften zu zeigen, andererseits zu der Katastrophe überzuleiten, die von den Ränke-
schmieden nicht einberechnet worden ist." (Ebd., S. 105)

IV,1–3

„[…] jetzt erwach ich, jetzt enthüllt sich mir alles!"
(Ferdinand)

In diesen Szenen geht die Saat, von den Intriganten aus-
gestreut, auf. Ferdinand ist der verhängnisvolle Brief in
die Hände gespielt worden, und er reagiert so, wie vor-
ausgesagt: Unbesehen glaubt er den Betrug. In einem
großen Monolog macht er seinem Herzen Luft. Die Reaktion des Majors entbehrt nicht der Ironie: Er, der sich
von allen Vorurteilen frei fühlte, der sich nur auf sein
„Herz" verließ, ist nun ‚von allen guten Geistern' verlassen und unfrei: „ein unerhörter, ungeheurer Betrug, wie
die Menschheit noch keinen erlebte!" Diese Worte Ferdinands beziehen sich nicht auf die Falle, in die er hinein-
getappt ist, sondern auf die angebliche Untreue seiner   Ferdinands
Geliebten. Ohne den Wahrheitsgehalt des Briefes zu   Irrtum
prüfen und ohne Aussprache mit Luise rast er vor Enttäuschung, fordert er in IV,3 den angeblichen Rivalen
zum Duell, hört das in Todesfurcht herausgestoßene Bekenntnis des Hofmarschalls überhaupt nicht und lässt
ihn voller Verachtung nur deshalb laufen, weil er die
Wahrheit wiederum für Betrug hält.

IV,4 und IV,5

> „Ich einst ihr Gott, jetzt ihr Teufel!"
> (Ferdinand)

Ferdinands anmaßende Haltung

In dem Monolog (IV,4) maßt sich Ferdinand erneut an, seine Gefühle mit der Vorsehung zu messen:

> „Richter der Welt! Fodre sie mir nicht ab. Das Mädchen ist mein."

Weg in die Vernichtung

Aber welche Umkehrung: Mit derselben absoluten Unbedingtheit, mit der er bisher seine Liebe in verklärte Höhen hinaufidealisierte, tritt er nun in seiner zerstörerischen Leidenschaft den Weg in die Vernichtung an. Er entwickelt, welche Folgen er aus dem angeblichen Betrug Luises zu ziehen gedenkt: „Die Vermählung ist fürchterlich – aber ewig!"

Tragikomische Verblendung Ferdinands

Die fünfte Szene zeigt den Grad der Verblendung Ferdinands von einer fast tragikomischen Seite: In seiner Eifersucht gefangen wirft sich der Major in die heuchlerisch ausgebreiteten Arme seines Vaters. Nur das Ende der Szene weist auf die kommende Entwicklung hin: Der Präsident spürt etwas von der kommenden Katastrophe, die von der „fürchterlichen" Raserei seines Sohnes ausgehen kann.

IV,6 und IV,7

> „Nehmen Sie ihn denn hin, Mylady!" (Luise)

Mit Szene 6 wechseln der Schauplatz und die Personen; die folgenden Szenen spielen im „sehr prächtigen Saal bei der Lady", wo die beiden weiblichen Hauptfiguren zusammengeführt werden.

Konfrontation von bürgerlicher und adeliger Moralauffassung

Für den Gang der Handlung ereignet sich nichts Neues, doch für die innere Wahrheit des Dramas haben diese Szenen durchaus ihre Berechtigung, weil Schiller darin das große Thema seines Stücks, die Auseinandersetzung zwischen Adel und Bürgertum, noch einmal effektvoll präsentiert. Es geht nicht um die Auseinandersetzung zwischen zwei Frauen, die ein und denselben Mann lieben. Stellvertretend findet die Konfrontation von bürgerlicher und adliger Lebensweise und Moralauffassung statt: die „bürgerliche Unschuld" gegen die große adlige Dame.

Im Mittelpunkt des Geschehens steht Luise, die sich ihrer Rivalin überlegen zeigt. Diese Konstellation kann leicht aus den Regieanweisungen, die den Zustand der Agierenden widerspiegeln, ersehen werden. Luise: „groß, mit entschiedenem Tone", „gelassen und edel", „fein und scharf [der Lady] in die Augen sehend", „standhaft", „gedankenvoll"; Lady Milford: „geschraubt", „in Entrüstung zurückfallend", „errötend", „in großer innerer Bewegung", „betroffen", „heftig bewegt, in den Sofa sich werfend", „mit einer Heftigkeit, die nach und nach bis beinahe zum Toben steigt", „jetzt gefasst".

Luises Überlegenheit

Diese Gefühlsschwankungen zeigen die Verwirrung der Lady, in die sie durch Luise gestürzt wird. Ihr Angebot schließlich, Luise als „Freundin", als „Schwester" gar zu umarmen, beruht auf einem Missverständnis dessen, was Luise will. Diese, die Ferdinand bereits aufgegeben hat, belastet das Gewissen ihrer Rivalin:

> „Jetzt ist er *Ihnen*! Jetzt, Mylady, nehmen Sie ihn hin! Rennen Sie in seine Arme! Reißen Sie ihn zum Altar – Nur vergessen Sie nicht, dass zwischen Ihren *Brautkuss* das *Gespenst* einer *Selbstmörderin* stürzen wird – Gott wird barmherzig sein – Ich kann mir nicht anders helfen. *(Sie stürzt hinaus)*"

IV,8 und IV,9

> „In deine Arme werf ich mich, Tugend!" (Lady)

In den beiden letzten Szenen des vierten Akts wird der Abgang der Lady effektvoll dargestellt. „Erschüttert und außer sich" über das Schicksal Luises und Ferdinands entschließt sich die Lady, ihrem bisherigen Leben und der Hoffnung, die sie auf den Major gesetzt hatte, zu entsagen, von der „Lady Milford" wieder zur stolzen Britin „Johanna von Norfolk" zu werden.

Lady Milfords Entscheidung

Akt V

→ V,1: Luise ist zum Selbstmord bereit. Die Warnungen ihres Vaters vor der schwersten aller Sünden vor Gott bringt den Umschwung. Luise entschließt sich für die Bindung an den Vater, die Pflicht siegt über das Herz.

→ V,2: Ferdinand fordert von Luise Aufklärung über den Brief. Luise behauptet aus Rücksicht auf ihren Vater, den Brief geschrieben zu haben. In Ferdinand reift der Entschluss, sich und seine Geliebte zu vergiften.

→ V,3-6: Ferdinand bietet Miller eine größere Summe Geld an. Miller, der von dem Brief nichts weiß, hofft damit mit seiner Tochter ein neues Leben beginnen zu können. Luise begleitet ihren Vater zur Tür. Ferdinand nutzt die Gelegenheit und schüttet Gift in die Limonade. Er glaubt, die Rache des Himmels zu vollziehen.

→ V,7 Nach belanglosen Sätzen, die die Entfremdung der Liebenden belegen, lässt Ferdinand Luise die Limonade trinken. Im Todeskampf kann Luise nicht mehr schweigen und sagt Ferdinand die Wahrheit. Auch in dieser Situation denkt Ferdinand nicht zuerst an seine Geliebte, sondern an Rache an seinem „Mördervater".

→ V, Letzte Szene: Vor aller Öffentlichkeit wird die ganze Intrige enthüllt. Ferdinand stirbt am Gift, der Präsident gesteht und wird abgeführt. Durch den Sieg der höheren Gerechtigkeit und der sittlichen Idee endet das Drama.

Das Scheitern der Figuren in der Katastrophe

Im letzten Akt des Dramas vollzieht sich die Katastrophe. Schiller führt hier alle wichtigen Personen des Stücks noch einmal zusammen (bis auf Lady Milford und die Millerin, deren Funktion für den Gang der Handlung schon früher abgeschlossen wurde). In dieser Katastrophe scheitern alle Bindungen, Vorstellungen und Pläne, in und mit denen die Figuren lebten und agierten: die Gebundenheit Luises ebenso wie die scheinbare Absolutheit Ferdinands, die einfache Geradlinigkeit des Musikers wie die infame Verschlagenheit des Präsidenten und des Sekretärs. Weder siegt die niedrige „Kabale", noch triumphiert die erd- und menschenentrückte „Liebe". Nicht der idealistische Held, dessen

Absolutheitsanspruch ihn in eine Verblendung führt, die ihn die realen Gegebenheiten und sein menschliches Gegenüber nicht erkennen lassen, noch die skrupellos schlau eingefädelte Intrige der Gegenspieler siegen. Als eigentlich tragische Figur zeigt sich Luise, deren echter Zwiespalt zwischen ihrer absolut empfundenen Liebe und ihrer Gebundenheit an Gott und noch mehr an ihren Vater das Mädchen in eine Ausweglosigkeit führt, der mit ihrem Untergang endet, der ihre innere Haltung jedoch bestätigt. Was bleibt am Schluss des Trauerspiels?

Luise – die eigentlich tragische Figur des Dramas

„Immer mehr beherrscht das Bild des richtenden Gottes die Szene, und nun geht es nur noch um das theologische Problem der Verantwortung für unser menschliches Tun. [...] Immer wieder wird in diesem Drama der ‚Richter der Welt' angerufen, und das darf und soll man nicht überhören. Schiller hatte mit ‚Louise Millerin' das Antagonistische im gesellschaftlichen Prozeß, der mit der Trennung von Macht und Religion mehr und mehr ins unaufhaltsam Tragische geriet, bis zum Äußersten zugespitzt. Der Isolierung einer amoralisch gewordenen Adelsgesellschaft stand die Isolierung einer ohnmächtig gewordenen bürgerlichen Religion gegenüber. Ja, auch der Versuch des Idealisten der Liebe, als ein Bürger des Universums über die Klassengegensätze hinauszugreifen und von sich aus, nur aufgrund der eigenen Person, eine neue, allein vom Menschlichen getragene Welt der Liebe zu erschaffen, mußte scheitern, weil sich aus den Ordnungen der Geschichte selbst dann nicht heraustreten läßt, wenn sie bereits in einem Prozeß der Auflösung begriffen sind. Ferdinands Tragik ist es, daß ihm, der an der absoluten Bindung festhalten will, am Ende jede Bindung unmöglich wird und er rettungslos in den Sog einer Katastrophe hineingerät. Noch einmal ruft der junge Schiller das Gericht der Transzendenz an, damit es den Seelenmord an Ferdinand und Luise bestrafe und die bis an die Wurzel erkrankte Gesellschaft vor das Forum der Ewigkeit stelle. Als ein solches Tribunal ist die Schlußszene gemeint. [...] In ‚Louise Millerin' kehren fast alle bisherigen Motive noch einmal wieder: der Gedanke einer ewigen richtenden Ordnung, die dem vermessenen Willen des einzelnen, der das Gericht Gottes in eigene Regie nehmen will, übergeordnet bleibt; die soziale Kritik an einer unsittlich gewordenen Gesellschaft; der Subjektivismus des ‚Herzens' und der fordernden Liebe, aber ebenso die Macht einer auf dem Bösen der Intrige aufgebauten Position; dennoch müssen beide, die ‚Liebe' und die ‚Kabale', ihren Anspruch vor dem Angesicht Gottes liquidieren." (B. von Wiese, 1959, S. 217f.)

Das Gericht der Transzendenz

Das Tribunal der Schlussszene

Die entscheidenden Motive

V,1

„Ist *lieben* denn Frevel? [...] Verbrecherin,
wohin ich mich neige!" (Luise)

Der fünfte Akt beginnt düster: „Abends zwischen Licht".
Luise „sitzt stumm und ohne sich zu rühren in dem fins-
tersten Winkel des Zimmers". Der stumme Auftakt
(„nach einer großen und tiefen Pause") zeigt die Stimmung des Untergangs an, aber auch speziell den Zustand
des Mädchens: „Der Kampf ist entschieden." Dieses Bekenntnis macht deutlich, dass Luise den Zwiespalt, in
dem sie während des gesamten Dramas stand, innerlich
abgeschlossen hat. Sie ist zum Selbstmord bereit, glaubt
darin die Lösung aus ihrer verzweifelten Lage zu sehen
und ihren Frieden zu finden. „Seine Luise ist lustig", bekennt sie ihrem Vater, der aus der Haft entlassen wurde,
und meint dies nicht ironisch. Es bezeichnet dies eine
„Heiterkeit", in der sich die Schiller'schen Helden nach
der (moralischen) Überwindung der „harten Notwendigkeit" befinden, ein „heiterer" Zustand, der die innere
Zerrissenheit zwischen der intendierten Freiheit des
Menschen und der auf ihn einstürmenden Gewalt von
außen ablöst – eine idealistische Überwindung der realistischen Zustände der Welt, eine Ablösung aus den einen-
genden Bindungen in dieser Welt. Den Konflikt zwischen
„Pflicht und Neigung" hat Luise hinter sich gelassen.

Die Warnungen Millers vor der schwersten aller Sünden
vor Gott und die Erinnerungen an die Kindesliebe zum
eigenen Vater stürzen Luise erneut in einen Konflikt:

„Was soll ich? Ich kann nicht! Was muss ich tun?"

Das Mädchen wird wieder zwischen ihr „Herz" und die
von ihr verlangte „Pflicht" gestellt. Was bereits Antwort
war, wird wieder Frage: „Ist *lieben* denn Frevel, mein
Vater?"

Die Pressionen des Vaters führen Luise zu einer anderen
Entscheidung als jene, die sie selber bereits getroffen
hat. „Nach einem qualvollen Kampf" entschließt sie
sich für die Bindung an den Vater. Die „Pflicht" siegt
über das „Herz", doch mit dem Preis der inneren Zerrissenheit. Vorbei ist die „Heiterkeit" des Gemüts, es
bleibt die Verzweiflung: „Verbrecherin, wohin ich mich
neige!"

Marginalien:

Stimmung des Untergangs

Luises Bereitschaft zum Selbstmord: idealistische Überwindung des Konflikts zwischen Pflicht und Neigung

Änderung des Entschlusses: Pflicht vor Neigung

V,2

„Eine Lüge, Luise – eine Lüge!" (Ferdinand)

Das Erscheinen Ferdinands in der zweiten Szene macht den Zwiespalt, in den Luise erneut geraten ist, deutlich. Nicht entschlossen und fest in ihrer Haltung, sondern mit der Furcht, von ihrer gerade erst gefassten Entscheidung wieder abzukommen, begegnet Luise dem Major. Voller Entsetzen ruft sie aus: „Da ist er! Ich bin verloren!" Der innere Kampf, in den Luise gerät, der sie zögern lässt, wird erneut von Ferdinand missverstanden; er sieht darin nur ein „überraschtes Gewissen", sieht sich in seinem Verdacht bestätigt. Wieder verkennt Ferdinand die Situation; er drängt Luise, die Wahrheit zu sagen („Schriebst du diesen Brief?"), gleichzeitig wünscht er sich aber, dass sein Verdacht unbegründet sei. Die Entscheidung wird wieder dem Mädchen überlassen. Ihr Charakter lässt nur eine Antwort zu: „Ich schrieb ihn." „Ferdinand will einen Teufel entlarven und muß von einem Engel hören, was er im Grunde nicht hören will." (Benno von Wiese) An dieser entscheidenden Stelle der Handlung wird wiederum ersichtlich, wie sehr die Entfremdung zwischen den beiden Liebenden mit zu der nun einsetzenden Katastrophe führt. Damit ist die Entscheidung gefallen: Ferdinands Entschluss, seine Geliebte und sich zu vergiften, steht nun fest.

Luises Zwiespalt – Ferdinands Forderung

Entfremdung zwischen den Liebenden

„Willst du mir ein Glas Limonade zurechtmachen?"

V,3 – 6

„Ja, sie soll dran! Sie soll!" (Ferdinand)

Die Szenen 3–6 beleuchten den fürchterlichen Entschluss Ferdinands von verschiedenen Seiten.
Das Verhalten des Vaters ist nur erklärbar durch die Tatsache, dass er den Inhalt von Luises Brief an den Hofmarschall und von dessen Entstehen unter dem Druck des Sekretärs nichts weiß; er glaubt, Luise habe darin endgültig auf ihren Geliebten verzichtet. Auch der Vater verkennt also die Situation, in der sich seine Tochter befindet. Die Überlegungen, die Ferdinand während des retardierenden Monologs (V,4) anstellt, die Gewissens-

Ferdinands Entschluss zum Mord an der Geliebten

bisse, dem Vater die einzige Tochter zu rauben, ändern seinen Entschluss zur Tat nicht. So ist die große Summe Geldes, die er Miller angeblich als Entgelt für den Musikunterricht anbietet, eher ein Ausdruck seiner Hilflosigkeit. Und das merkwürdig groteske Gebaren des Musikers angesichts des „Goldes" ist zu verstehen aus der armseligen Lage des Kleinbürgers zu jener Zeit und aus der Überzeugung des Vaters, mit seiner Tochter ein neues Leben beginnen zu können. Unbekümmert entfernt er sich und lässt seine Tochter mit Ferdinand zurück. Die Abwesenheit der beiden Millers (Luise begleitet ihren Vater zur Tür) benutzt der Major, Gift in die Limonade zu schütten.

Ferdinands Vermessenheit

In der Begründung, die Ferdinand dieser Handlung sich selber gegenüber gibt, zeigt Schiller noch einmal die ganze Vermessenheit des sich absolut setzenden Ichs:

> „Die obern Mächte nicken mir ihr schreckliches *Ja* herunter".

Ferdinand fühlt sich stets im Recht, glaubt also auch jetzt nur, „die Rache des Himmels" zu vollziehen. Zweifel am eigenen Ich, am eigenen Tun, die sich aus einer Einbeziehung der Befindlichkeit des Du ergäben, kennt er nicht. Die Liebe, die er für Luise empfindet, verdient den Namen kaum – Ferdinands Liebe kennt keine Einfühlung ins Gegenüber, sie geht von einem Objekt-, nicht Subjektcharakter der geliebten Person aus und impliziert totale Verfügungsgewalt über die geliebte Person.

V,7

> „Ich sterbe unschuldig". (Luise)

Luises Todesszene lässt Schiller – theatralisch wirkungsvoll und dramaturgisch bedeutsam – beginnen durch „großes Stillschweigen, das diesen Auftritt ankündigen muss". Zu dem atemlosen Beginn, in dem die Entfremdung der beiden Figuren durch ihre Position auf der Bühne unterstrichen wird (Luise – „stellt sich auf die entgegengesetzte Seite"; Ferdinand – „steht auf der andern Seite und sieht starr vor sich hinaus"), scheinen die oberflächlich konventionellen Sätze Luises im Gegensatz zu stehen. Genau betrachtet aber unterstützt das

Geplauder Luises nur die Spannung, mit der die Szene eröffnet wird. Ferdinand begegnet der eigentlich sprachlosen Hilflosigkeit Luises zunächst mit Stillschweigen, dann mit Zynismus. Hier reden zwei Menschen nicht miteinander, nicht einmal nebeneinander her, sondern voneinander weg. Ferdinand hört aus den wenigen Worten Luises das, was ihn in seinem „Recht" nur bestätigt:

Verstärkung der Entfremdung zwischen den Liebenden

> „Also leichtsinnig warst du nicht – dumm warst du nicht – du warst nur ein Teufel."

Diese ,Erkenntnis' treibt ihn zur Ausführung der Tat; er lässt Luise von der vergifteten Limonade trinken.

Wieder zeigt Schiller den jungen Helden als einen in die Irre Geleiteten, dessen Irrtümer darauf beruhen, dass er nicht in der Lage ist, sein Gegenüber wirklich zu erfassen. Selbst in der Todesstunde der Geliebten weiß er nichts anderes, als sie mit seinen inquisitorischen Fragen und Anklagen zu quälen: „Warum hast du mir das getan?" und „Hast du den Marschall geliebt?"

Auf das Bekenntnis der Wahrheit durch Luise, die sich im Tod nicht mehr an ihren Eid gebunden fühlt, erstarrt Ferdinand und „fällt endlich wie von einem Donnerschlag nieder". Das, was er eigentlich zu erfahren gehofft hatte, Luises Unschuld nämlich, trifft den realitätsfremden ,Idealisten', nur in sein eigenes „Herz" Verstrickten unvorbereitet, ,haut ihn um', im wahrsten Sinne des Wortes. Doch selbst in dieser Situation gelten seine Gefühle nicht der sterbenden Geliebten; er denkt zuerst an Rache, befürchtet, sein „Mördervater" könne seinem Schicksal entgehen. Höherer Ziele wegen, die Gerechtigkeit des Ewigen zu vollbringen, übersieht er das menschlich Naheliegende. Angesichts des im Todeskampf liegenden Mädchens „reißt [er] den Degen heraus" „im Ausdruck der unbändigsten Wut". Erst über der toten Luise fällt er nieder und bekennt, was er schon früher hätte erkennen müssen: „Engel des Himmels". Fremd, wie sich die beiden Liebenden schon länger waren, so scheidet sie der Tod.

Luises Unschuldsbekenntnis im Tod

Ferdinands Reaktion

Letzte Szene

„Arm in Arm mit *dir* zur Hölle!" (Wurm)

Letzte Szene als Abrechnung mit dem absolutistischen System

Das große Gericht der letzten Szene ereignet sich vor aller Öffentlichkeit: Nicht nur die dramaturgisch notwendigen Personen sind gegenwärtig, Schiller lässt „Volk" „sich im Hintergrund sammeln". Die Abrechnung vor dem Tribunal der höchsten Instanz ist also nicht nur als Verurteilung der Bösewichter des Stücks gemeint, sondern bedeutet eine Abrechnung mit dem im Drama durch sie repräsentierten absolutistischen System. Deshalb das Mitwirken der Öffentlichkeit.

Wirkungsvoller Aufbau der Szene

Auch im Aufbau ist die Szene theatralisch wirkungsvoll gestaltet. Anklagen folgen auf Anklagen, Enthüllungen auf Enthüllungen: Der Sohn steht gegen den Vater, der vereinsamte Miller erscheint, der Präsident geht gegen den Sekretär vor, dieser will die Wahrheit über ihre gemeinsamen Verbrechen vor Gericht enthüllen, Ferdinand stirbt am Gift, und der Präsident begibt sich vor den Richter und wird abgeführt. Mit dem Sieg der höheren Gerechtigkeit, mit dem Triumph der sittlichen Idee (dem der Untergang der Unschuld als Opfer vorausgegangen ist) endet das Trauerspiel.

Ferdinands Selbstmord

Idealistischer Schluss: Sieg der höheren Gerechtigkeit

Auf diesen idealistischen Schluss kam es Schiller an; dessentwegen nahm er (wie auch sonst an mehreren Stellen des Stücks) psychologische Unwahrscheinlichkeiten in Kauf, durch die dem Zuschauer einiges zugemutet wird (das Bekennen der Verbrechen durch Wurm und den Präsidenten, welches sie zweifelsohne dem Verderben zuführt, und – vor allem – Ferdinands Vergebung der Schuld seines Vaters).

Die Menschen haben sich und ihre Welt zerstört, einerlei ob aus ihrem Innersten heraus („Liebe") oder aus äußerem berechnenden Kalkül („Kabale") handelnd; erst im Angesicht des Höchsten, vor dem Tribunal des ewigen Richters, werden die Gewichte wieder richtig gesetzt. Das Theater beweist sich als „moralische Anstalt".

Die Komposition des Dramas

> ⇒ Das Drama wird durch „Symmetrie" und „dialektisches Prinzip" gekennzeichnet.
> ⇒ In der Anordnung der Akte wechselt die Welt des Kleinbürgertums mit der des absolutistischen Hofes. Dadurch werden diese Welten dialektisch gegenübergestellt.
> ⇒ Der vierte Akt bildet dabei eine Ausnahme.

Die Komposition des Dramas

Schiller hat „Kabale und Liebe" einen streng durchkomponierten Aufbau gegeben. Das den Aufbau prägende Prinzip kann man mit den zwei Begriffen „Symmetrie" und „dialektisches Prinzip" bezeichnen. Entsprechung und Gegensatz kennzeichnen also sowohl Inhalt wie auch Gestalt des Werks. Beide Prinzipien werden in der Abfolge der Szenen deutlich. Die zwei Welten, in denen sich das Drama abspielt, alternieren in der Anordnung der Szenen: Die Welt des Kleinbürgertums wechselt in regelmäßigem Rhythmus mit der des absolutistischen Hofes. Auf diese Weise wird die „kleine Welt" (Zimmer des Musikers Miller) der „großen Welt" (Saal beim Präsidenten und im Palais der Lady) dialektisch gegenübergestellt, andererseits aber eine Symmetrie in der Abfolge der Szenen erzielt. (Ausnahme von diesem Aufbauprinzip ist der vierte Akt, der auch sonst in mehrfacher Hinsicht aus dem Rahmen fällt; siehe hierzu auch S. 28.) Schiller schafft in der räumlichen Dimension des Werks die Spannung, die das Stück in Gang hält.
Im Einzelnen sieht die Abfolge der Szenen innerhalb der ersten vier Akte folgendermaßen aus:

Entsprechung und Gegensatz als Kompositionsprinzip

Symmetrie der Schauplätze und dialektische Gegenüberstellung

I. Akt	
Zimmer beim Musikanten I,1 – I,4	Saal beim Präsidenten I,5 – I,7
II. Akt	
Saal im Palais der Lady II,1 – II,3	Zimmer beim Musikanten II,4 – II,7
III. Akt	
Saal beim Präsidenten III,1 – III,3	Zimmer in Millers Wohnung III,4 – III,6
IV. Akt	
Saal beim Präsidenten IV,1 – IV,5	Saal bei der Lady IV,6 – IV,9
V. Akt	
Nur Akt V, in dem die Entscheidung fällt, die Katastrophe sich ereignet, spielt an einem einzigen Ort. Damit wird die Bedeutung der tragischen Momente auf diesen Schauplatz und dessen ‚Bewohner' gerichtet, das Zimmer beim Musikanten.	

Auch für den Handlungsaufbau des Werks gilt das Prinzip der Symmetrie:

Symmetrie des Handlungsaufbaus

„Das Stück enthält drei Szenen zwischen Ferdinand und Luise, am Anfang (I,4), in der Mitte (III,4) und am Ende (V,7). Die erste exponiert den geheimen Gegensatz der Liebenden, die zweite läßt ihn in der Peripetie akut werden, die dritte besiegelt ihn im Tod und versöhnt ihn in der Vergebung. In der Mitte zwischen der ersten und zweiten (II,5) schwört Ferdinand ewige Treue, in der Mitte zwischen der zweiten und dritten (IV,4) entschließt er sich zum Mord. Auch Luises und Ferdinands Erinnerungen an die Idylle stehen in Symmetrie (I,3 – V,7); in der Mitte Ferdinands Fluchtplan als verfälschte Idylle (III,4). – Ähnlich wie mit der Liebeshandlung verhält es sich mit der Kabale: am Anfang des Mittelaktes wird sie ausgeheckt, am Schluß in Szene gesetzt. Genau in der Mitte bricht Ferdinands Eifersucht aus, ohne die er der Intrige niemals zum Opfer fiele. Die ungemein wichtige Szene III,4 erfüllt also die doppelte Funktion der inneren und der äußeren Peripetie, wie der junge Schiller auch sonst die Mitte betont. […] Der Lady gehören der Anfang des zweiten und das Ende des zweitletzten Aktes. Die Kammerdienerszene (II,2) und ihr Abgang (IV,9) brandmarken das System, die Szenen mit Ferdinand (II,3) und Luise (IV,7) enthalten das Schicksal ihrer Liebe: Bekenntnis und Verzicht." (W. Binder, 1964, S. 268 f.)

Die Personenkonstellation

Die Personen-
konstellation

⇒ Die Personenkonstellation kann aus drei verschiedenen Perspektiven betrachtet werden:

⇒ Das Personenverzeichnis spiegelt die ständische Konfrontation zwischen der Welt des Hofes und der Welt des Bürgertums wider.

⇒ Eine andere Einteilung kann nach den Kriterien „Unterstützer" und „Gegner" der bestehenden Ordnung gezogen werden.

⇒ Eine weitere Einteilung kann in Bezug auf den „inneren Konflikt" des Dramas, der Frage nach der Berechtigung der Liebe zweier Menschen getroffen werden.

Die Angabe der *dramatis personae*, die der junge Schiller für „Kabale und Liebe" traf, entspricht der üblichen Praxis. Die Personen sind ihrem gesellschaftlichen Rang nach geordnet. So beginnt die Liste mit dem regierenden Präsidenten und endet mit dem Kammerdiener des Fürsten (wobei wir die Angabe „verschiedene Nebenpersonen" hier zu Recht außer Acht lassen). Innerhalb der sozialen Gruppen werden die Personen üblicherweise, und so auch in diesem Stück, nach ihrem Geschlecht geordnet, die Männer zuerst und dann die Frauen. Also steht der Hofmarschall Kalb vor der Lady Milford. Ausnahmen von dieser Regel gibt es nur, wenn dies wichtige soziale Gründe oder der Handlungsablauf erfordern. Sekretär Wurm erscheint natürlich nach der Favoritin des Fürsten, der Kammerdiener nach der Kammerjungfrau der Lady.

Gesellschaftlicher Rang als Ordnungskriterium

So spiegelt das Personenverzeichnis die ständische Konfrontation zwischen der Welt des Hofes und der Welt des Bürgertums, der Untertanen, wider. Es weist „Kabale und Liebe" in die Reihe der bürgerlichen Trauerspiele, in denen es um Konflikte geht, die ihren Ursprung in der sozialen Ordnung der Gesellschaft haben:

Spiegelung der ständischen Konfrontation

Die Welt des absolutistischen Hofes; die herrschende, die im Prunk lebende, die administrative	Präsident von Walter, *am Hof eines deutschen Fürsten*
	Ferdinand, *sein Sohn, Major*
	Hofmarschall von Kalb
	Lady Milford, *Favoritin des Fürsten*
	Wurm, *Haussekretär des Präsidenten*
Die Welt der Bürgerlichen; die unterdrückte, die dienende, die der Untertanen	Miller, *Stadtmusikant oder wie man sie an einigen Orten nennt, Kunstpfeifer*
	Dessen Frau
	Luise, *dessen Tochter*
	Sophie, *Kammerjungfer der Lady*
	Ein Kammerdiener des Fürsten

Diese Zweigliederung in der Personenkonstellation zielt aber nur auf die eine Seite des Stücks, in der tatsächlich politische und soziale Gründe den dramatischen Konflikt hervorrufen.

Aufstellung der Personen in deren Verhältnis zur bestehenden Ordnung

Gehen wir von der Einstellung der Personen zu der herrschenden Ordnung aus, so ergibt sich eine andere Konstellation. Damit ist nicht gemeint die Frage danach, wer aus den gegebenen Zuständen einen (materiellen) Nutzen zieht und wem die bestehende Ordnung schadet. Eine solche Betrachtungsweise führte wieder zu der Einteilung nach Herrschenden und Untertanen zurück.

Wir fragen nach der inneren Einstellung, nach den Personen, die die bestehende Ordnung erhalten wollen und nach denen, die sie in Frage stellen, verändern oder gar umstürzen wollen. Dann ergibt sich eine ganz andere Konstellation:

Präsident Hofmarschall Wurm Miller		Ferdinand Lady Milford
		Millers Frau
Sophie	Luise	Kammerdiener
affirmative, erhaltende Funktion		**„revolutionäre", verändernde, umstürzende Funktion**

Auf der einen Seite stehen die „Konservativen", die aus den verschiedensten Motiven heraus das System stabilisieren, auf der anderen Seite diejenigen, die – ebenfalls unterschiedlich motiviert – die gegebene Ordnung anzweifeln. Der Präsident und der Sekretär wissen, dass sie ihre Stellungen – durch Betrug und Verbrechen errungen – nur behaupten oder gar ausbauen können, wenn an den Machtverhältnissen nicht gerüttelt wird, wenn keine „Kontrolle" über ihre Machenschaften besteht. Der Hofmarschall Kalb sieht seine Existenzgrundlage stehen und fallen mit dem Weiterbestehen des höfischen Lebens:

Unterstützung der Ordnung aus unterschiedlichen Motiven

Präsident und Sekretär

Hofmarschall

> „Sie sind ein Stuttierter! Aber *ich* – Mon Dieu! was bin dann
> *ich*, wenn mich Seine Durchleucht entlassen?" (III,2).

Die Kammerjungfer genießt das Leben im Salon der Lady; sie weiß – aus der Schicht der Untertanen stammend –, was Armut und Elend heißen. Bleibt der Musiker Miller, der bei allem Wissen um oben und unten, um Macht und Ohnmacht, bei allem Selbstverständnis seines Standes, bei aller Aufrichtigkeit und allem Mut der Obrigkeit gegenüber dennoch die bestehende Ordnung akzeptiert. Er ist der Einzige aus dieser Gruppe, der dafür eine überzeugende Begründung hat. Unordnung, Umsturz bedeuten Chaos, werfen die Menschen auf sich selbst zurück, auf ihre eigene innere Kraft, auf ihre innere Standfestigkeit, und an dieser inneren Größe der Menschen zweifelt Miller:

Sophie

Miller

> „Mensch ist Mensch." (I,1)

Dieser Ausspruch des Musikers ist weiter zu verstehen als nur auf die Verführbarkeit seiner Tochter bezogen. Schließlich ist die bestehende Ordnung auch Gottes Ordnung, und der Mensch braucht einen äußeren Halt der Formen, wenn er aufrecht und anständig sein Leben bestehen will. Alle anderen Befürworter der vorhandenen Ordnung wissen nur ein persönliches Interesse daran geknüpft; Miller allein sieht darin eine metaphysische Begründung.

Das Gegenstück dazu bildet seine Frau. Ohne eigentlich zu wissen, dass ihre Wunschträume nach einer Verbindung ihrer Tochter mit dem adligen Major die gesamte Ständeordnung umstoßen würden, verweist sie – naiv-

Die ‚Gegner' der bestehenden Ordnung

Millerin	dümmlich – sogar auf Gott als Urheber ihrer eigenen Vorstellungen:

> „[…] weil eben halt der liebe Gott meine Tochter barrdu
> zur gnädigen Madam will haben –" (I,2)

	Ihr geht es letztlich um das eigene Wohlleben, um den „vermaledeiten Kaffee" und um „das Tobakschnupfen", wie ihr Mann ihr vorwirft (I,1).
Kammerdiener	Den Kammerdiener – obwohl in fürstlichen Diensten – bringen die unmenschlichen Praktiken des Fürsten, deren Zeuge er schließlich ist, zur Verfluchung des ganzen Systems; auch einige seiner Söhne wurden als Soldaten verkauft (II,2).
Ferdinand	Ferdinand will dagegen aus grundsätzlichen Erwägungen heraus die bestehende Welt aus den Angeln heben. Wohl klagt er die Ungerechtigkeiten, die Inhumanität, die Amoralität der absolutistischen Ordnung an. Letztlich aber lässt diese Ordnung für einen „Kerl" wie ihn, der seine individuellen Rechte beansprucht, nicht genügend Raum. Er beruft sich auf „Natur", auf „Gott", wenn er die Ordnung sprengen will. Die Hindernisse, die sich seiner Liebe zu Luise entgegenstellen, sind nur ein Beispiel für den Zwang, den er zu erleiden hat.
Lady Milford	Lady Milfords Einstellung zur absolutistischen Ordnung ist differenziert. Einerseits hat ihr das Verhältnis zum regierenden Fürsten erst ein standesgemäßes Leben ermöglicht, auch ihren Ehrgeiz befriedigt, hat ihr die Möglichkeit eröffnet, die Missstände im Fürstentum, die Unterdrückung der Untertanen zu mildern; andrerseits werden ihre eigentlichen Ansprüche ans Leben, wird ihr wahres Wesen durch die Art, in der sie leben muss, nicht erfüllt.
Luises Sonderstellung	Bleibt die Gestalt Luise: Sie steht zwischen den Gruppierungen, nimmt eine Sonderstellung ein. Ihre Religiosität und ihre Bindung an den Vater bewirken, dass sie ihren Stand innerhalb der bestehenden Ordnung akzeptiert, ja sogar gegenüber Ferdinand verteidigt. Ihre Liebe zu dem jungen Adligen jedoch stellt diese Ordnung in Frage. Diesen Zwiespalt erkennt, durchlebt und durchleidet das Mädchen – anders als ihre Mutter. Sie kann ihn nicht lösen, kann weder von Gottes Ordnung noch von dem geliebten Menschen lassen. Ist die Lösung, die sie gleich zu Anfang des Stücks anbietet (I,3), der Ver-

weis auf die Vereinigung im Jenseits, wo es keine Standesschranken mehr geben wird, wo nur der Mensch und sein persönlicher Wert gemessen werden, nicht eine Ersatzlösung aus ihrem Konflikt?

Um die Sache endlich nach dem „inneren Konflikt" des Dramas zu erwägen, nach der Frage der Berechtigung oder der Vermessenheit der Liebe der zwei jungen Menschen zueinander, so ordnen sich die Personen erneut anders:

Personen-
konstellation
entsprechend
dem inneren
Konflikt

Ferdinand Luise Frau Miller		Präsident Wurm Miller
	Lady Milford	

Die übrigen Personen – Kalb, Sophie, der Kammerdiener – spielen unter diesem Gesichtspunkt keine oder (wie der Hofmarschall) nur eine nebensächliche Rolle.

Die Motive des Präsidenten, der unerwünschten Verbindung seines Sohnes mit der Bürgerstochter entgegenzuwirken, liegen klar auf der Hand. Er hat mit seinem Sohn andere ehrgeizige Pläne. Ferdinand muss von Luise lassen und Lady Milford heiraten, um dem Herzog einen Gefallen zu tun, der sich auszahlen wird. Er sieht in Wurm auch hier einen natürlichen Verbündeten, denn der Präsident erkennt rasch, dass der Sekretär ein Auge auf das Mädchen geworfen hat. Beide verfolgen eigennützige Zwecke: Sind dem Präsident das Gefühl seines Sohnes und das Schicksal der „Bürgerkanaille" völlig gleichgültig, so hofft der Sekretär mit Hilfe des Präsidenten an sein Ziel zu gelangen.

Gegner der
Liebesbeziehung

Der Vater des Mädchens will die Liebschaft verhindern, weil er sieht, dass die Realität der ständischen Ordnung eine Verbindung der beiden Liebenden unmöglich macht, weil er seine Tochter vor Enttäuschung, ja vor einer möglichen Zerstörung ihres Lebens bewahren will. Schließlich fürchtet er – nicht zu Unrecht – die Aktionen der Herrschenden und die Vernichtung seiner und seiner Familie Existenz.

Luise dagegen sieht in ihrer Liebe zu Ferdinand eine Fügung und den Willen Gottes, die durch Menschen

Befürworter

nicht zerstört werden können. Diese Liebe hat eine tiefere Bedeutung. Deshalb kann Luise auf eine Verbindung mit Ferdinand hier und jetzt verzichten (I,3 und IV,7); ihr Streben zielt auf eine Vereinigung im Jenseits.

Die Position von Luises Mutter in dieser Frage ist recht eindeutig. Sie bejaht, ja begünstigt das Verhältnis ihrer Tochter mit dem adligen Major, weil sie ihre Wünsche über die Realität stellt.

Zwischenstellung Lady Milfords

Die Rolle von Lady Milford ist auch unter diesem Aspekt betrachtet nicht eindeutig. Sie sieht in einer Verbindung mit Ferdinand die Möglichkeit, ein neues Leben zu beginnen (II,1 und II,3), und ist deshalb, als sie zum ersten Mal von seiner Liebe zu Luise erfährt, fest entschlossen, gegen diese Verbindung vorzugehen. Entscheidend ist jedoch das Ergebnis, das sie – im inneren Ringen nach der Unterredung mit Luise – in dem Monolog IV,8 erzielt. In der Abwägung zwischen ihrer „Ehre" und der „Tugend einer verwahrlosten Bürgerdirne" siegt die Stimme ihres „Herzens":

> „Groß, wie eine fallende Sonne, will ich heut vom Gipfel meiner Hoheit heruntersinken, meine Herrlichkeit sterbe mit meiner Liebe, und nichts als mein *Herz* begleite mich in diese stolze Verweisung!"

Verknüpfung verschiedener Ebenen

Eine zusammenfassende Betrachtung der Personenkonstellation zeigt, dass Schiller in „Kabale und Liebe" verschiedene Ebenen miteinander verknüpft und konfrontiert. Die zunächst eindeutig erscheinende Personengruppierung, unter dem Aspekt des „sozialen Dramas" betrachtet, löst sich auf und formiert sich unter anderen Gesichtspunkten neu und vielschichtiger.

Die Sprache

> ⇒ Die Sprache charakterisiert einerseits die soziale Ordnung (bürgerlich, höfisch, Sprache der Liebenden).
>
> ⇒ Andererseits gibt es ein mehrdimensionales Sprachfeld mit überlappenden Gruppen (soziale, intellektuelle und moralische Dimension).

Die Sprache

Es liegt nahe, einen Blick auf die Charakterisierung der einzelnen Personen durch die Sprache zu werfen. Eine Analyse unter diesem Aspekt ergibt, dass Schiller mit Hilfe der Sprachgebung die Figuren des Stücks ihren sozialen Ordnungen zuweist. Die drei Welten, die bürgerliche, die höfische und der Zwischenbereich der Liebenden, lassen sich sprachlich sehr wohl trennen. Eine solche Katalogisierung entspricht der inhaltlichen Personenkonstellation.

Funktion der Sprache: Charakterisierung der sozialen Ordnungen

Die kleinbürgerliche Welt wird repräsentiert durch den derben und geradlinigen Musiker Miller, der die Dinge unverblümt beim Namen nennt, und durch seine nach Höherem strebende Frau, die öfters den Boden der bürgerlichen Realität aus den Augen verliert und in diesem Bestreben ihre Sprache selbst karikiert, etwa durch die falsche Verwendung von Fremdwörtern. Besonders augenfällig wird diese Sprachschicht in den Auseinandersetzungen der Eheleute in I,1 und I,2 und in den Äußerungen Millers gegenüber dem Präsidenten in II,6. Miller spricht, wie ihm der Schnabel gewachsen ist. Ihm gehört die derbe Sprache des einfachen Mannes: „Schier dich zum Satan!"; „Ich hab mich satt gefressen"; „Willst du dein Maul halten?"; „Willst das Violinzello am Hirnkasten wissen?" usw.

Die Sprache der kleinbürgerlichen Welt

Seine Ansichten unterlegt er mit allgemeinen Redewendungen: „Auf den Sack schlagt man; den Esel meint man"; „[...] das Gesind machts der Herrschaft nach"; „[...] wo der Zimmermann das Loch gemacht hat" (I,1 und I,2). Aber auch der Obrigkeit gegenüber bleibt er bei seiner direkten, ehrlichen Sprache. So spricht er zum Präsidenten (II,6): „Ohrfeig um Ohrfeig –"; „[...] aber den ungehobelten Gast werf ich zur Tür hinaus."

Die Sprache der höfischen Welt

Auf der anderen Seite steht als Gegenpol die Intrigen spinnende, zynische, kalte Welt des Hofes mit dem Präsidenten an der Spitze, dessen Sprache geschliffen und gefährlich zugleich, berechnend und befehlend arrogant ist und damit zum Gegenstück der Sprache des Musikers wird. So charakterisiert sich der Präsident von Walter bereits bei seinem ersten Auftritt (I,5) durch seine Sprache selbst. Hofmarschall Kalbs Ausdrucksweise kann als Parallele zu der Sprache der Frau Miller gesehen werden; auch er spricht dümmlich, unnatürlich, auch er vergreift sich bei manchen Wörtern; siehe die Szenen zwischen dem Präsidenten und dem Hofmarschall in I,6 und III,2. Sekretär Wurm, obwohl bürgerlicher Herkunft, steht als verkleinerte Ausgabe des Präsidenten dessen Sprache nahe. Er vermengt die realistische Ausdrucksweise der bürgerlichen Sphäre mit der glatten, distanzierten des Hofes.

Sonderstellung der Sprache der Liebenden

Bleibt die Sphäre von Luise, Ferdinand und Lady Milford. Die Sonder- und Mittelstellung der drei Figuren zeigt sich deutlich in der Sprache der Lady Milford, die zwischen höfischer Unnatürlichkeit und leidenschaftlicher individueller Natürlichkeit wechselt. Eindeutig ist dagegen das hohe Pathos Ferdinands, der auch in seiner Sprache das Absolute anstrebt; seine Redeweise und seine Bilder wirken abstrakt und unbedingt, oft völlig losgelöst von der Realität und vom konkreten Situationsbezug. Luise schließlich spricht schlicht, aber mit echten Empfindungen. Sie trifft den „Ton des Herzens", sie ist in der Lage, ihren Gefühlen glaubhaften Ausdruck zu verleihen, sie verstummt – statt wie Ferdinand beredt zu werden –, wenn sie Stimmungen und Gefühle durchlebt, für die es keinen sprachlichen Ausdruck gibt. Umso mehr erstaunt es gerade bei dieser Figur, wenn sie in verschiedenen Situationen eine intellektuell geschliffene Sprache spricht, beispielsweise in der Unterredung mit Lady Milford (IV,7), bei der – wie oft angemerkt wird – die epigrammatische Kürze von Luises Sprache auffällt, die so gar nicht zu ihrer Person passen will.

Psychologische Unwahrscheinlichkeit

Erneut stellt sich damit die Frage nach der psychologischen Wahrscheinlichkeit und wiederum lässt sich feststellen, dass sich Schiller darum wenig gekümmert hat, weil es ihm darauf offenbar nicht ankam. Er versucht, durch Sprache eine eigene Welt zu schaffen, in der es eigene Gesetze gibt, die sprachlich nicht mit der Wirklichkeit und psychischen Prozessen übereinstimmen muss. Aufgrund dieser Eigentümlichkeit von Schillers Werken kam der Literaturwissenschaftler Wolfgang Binder zu der Erkenntnis, dass die Gliederung der Sprache in „Kabale und Liebe" nach der sozialen Ordnung nicht ausreiche, sondern dass „das Sprachfeld des Stücks einem mehrdimensionalen Raum gleicht", in dem sich überschneidende Gruppierungen entstehen, deren Grenzen einander überlappen (vgl. W. Binder, 1964, S. 254).

Das mehrdimensionale „Sprachfeld"

Binder teilt diesen – von ihm so genannten – „Sprachraum" in drei Dimensionen: 1. die soziale, 2. die intellektuelle und 3. die moralische Dimension, und zeigt, dass die Sprache fast aller Personen – mit Ausnahme der Frau Miller und des Hofmarschalls – in allen drei Bereichen zu finden ist. Dabei kommt er zu dem Schluss, dass die Sprache sowohl der Lady als auch Luises und Ferdinands in Bezug zur sozialen Ebene so gut wie keine ständischen Merkmale aufweist – im Gegensatz zu der Sprache der anderen Personen, deren gesellschaftliche Ortung auch in der Sprache auszumachen ist.

Die soziale Dimension

Die intellektuelle Dimension durchschneidet aber die soziale. In diesem Bereich werden die Trennlinien anders gezogen, denn „oben und unten gibt es Kluge und Dumme". Diese Sprachebene dient der Darstellung der Fakten, Schiller gehe es hier nicht um Charakterisierung von Personen, so Binder, sondern um Klarlegung von Sachverhalten. Deshalb nehme der Dichter auch psychologische Unwahrscheinlichkeiten in Kauf. Er ist hier der eigentlich Sprechende, nicht seine Figuren. Diese Sprache ist gekennzeichnet von „rationaler Klarheit", von „Begriffsantithesen", die im Text durch die Hervorhebung in Kursivschrift (oder in älteren Textausgaben durch Sperrung) leicht erkennbar sind:

Die intellektuelle Dimension

> „Wenigstens bewies der Präsident hier, dass der *Vater* nur ein *Anfänger* gegen ihn ist" (Wurm, I,5); „[...] ich muss den *Vater* wie den *Kuppler* verfluchen" (Ferdinand, I,7); „Es war nicht die *Person*, sondern die *Heurat*, die du verabscheutest?" (Präsident, I,7); „Ich bin bereit, dies alles mit Füßen zu treten, sobald Sie mich nur überzeugt haben werden, dass der *Preis* nicht schlimmer noch als das *Opfer* ist" (Ferdinand, II,3); „Den Anbeter bedauern, Mylady, der einen *Demant* kaufte, weil er in *Gold* schien gefasst zu sein." (Luise, IV,7)

Die moralische Dimension

Die moralische Dimension endlich unterscheide zwischen „Bedingten" und „Unbedingten" – wie Binder sie nennt –, zwischen solchen Figuren also, die durch die moralischen Qualitäten des Guten und des Bösen und durch die menschlichen Qualitäten in die Gewöhnlichen und die Ungewöhnlichen voneinander unterschieden sind. Zu den „unbedingten" Figuren des Stücks zählt er Ferdinand, Luise und die Lady. Deren Sprache sei – unter diesem Aspekt betrachtet – gekennzeichnet durch ein Pathos, das die Sphäre des Realen und Situationsbedingten „überfliegt" und sich in den „genialischen und empfindsamen" Bereichen ansiedle. „Sie ist vom absoluten Gefühl getragen und versteht die Wirklichkeit nur im Horizont des Gefühls." (Binder, 1964, S. 255) Die Äußerungen Ferdinands, Luises und der Lady über Liebe, Ehre usw. kennzeichneten nicht ihre Person und die Situation, in der sie sich jeweils befinden, sondern „die Stelle, die sie in der metaphysischen Ordnung der Welt" einnehmen.

Die Sprache der „Bedingten", aller anderen Personen des Stücks also, bleibe realitäts- und situationsbezogen, geht über die Grenzen der sozialen Dimension letztlich nicht hinaus, sondern charakterisiert die Träger als Mitglieder einer bestimmten gesellschaftlichen Schicht mit ihren ständischen Wertvorstellungen. „Sie versteht [...] Gefühle [...] als Phänomene, die man berechnen und beherrschen kann." (Ebd.)

So kommt Binder bei der Analyse der Sprache des Dramas zu dem zusammenfassenden Ergebnis:

> „Schillers Sprachgebung dient verschiedenen, aber nicht immer vereinigten Zwecken. Sie charakterisiert die Sprecher, sie interpretiert objektive Sachverhalte und sie weist auf metaphysische Bedeutungen jenseits von Psychologie und Faktizität zurück." (Ebd. S. 256)

Ein bürgerliches Trauerspiel

Ein bürgerliches
Trauerspiel

- ➡ Die Zeit der Aufklärung mit dem sich emanzipierenden Bürgertum ist die Geburtsstunde des bürgerlichen Trauerspiels.
- ➡ Erste Anfänge gibt es zu Beginn des 18. Jahrhunderts in England.
- ➡ In Deutschland schreibt Lessing 1755 das erste bürgerliche Trauerspiel „Miß Sara Sampson".
- ➡ In Lessings 14. Stück der Hamburger Dramaturgie werden die theoretischen Grundlagen gelegt.
- ➡ „Bürgerlich" ist dabei nicht nur ein Standesbegriff, sondern v. a. ein Begriff, der eine moralische Haltung kennzeichnet.
- ➡ In „Kabale und Liebe" zeigen sich die zwei Tendenzen des bürgerlichen Trauerspiels: Die Frage nach Moral und Unmoral, die sich an den gesellschaftlichen Ständen entzündet, und die Anklage sozialer und politischer Missstände.

Die Gattung des „bürgerlichen Trauerspiels" ist ein Produkt des sich in der Zeit der Aufklärung emanzipierenden Bürgertums. Ohne die – aufgrund der steigenden ökonomischen Bedeutung des Bürgertums im Merkantilsystem – sich entwickelnde bürgerliche Welt mit eigenen Wert- und Moralvorstellungen, die sich bewusst von denen des absolutistischen Adels abhob, ist die Entstehung des „bürgerlichen Trauerspiels" nicht zu denken. Kein Zufall also, dass zu Beginn des 18. Jahrhunderts diese dramatische Gattung in England entstand, in einer Gesellschaft, in der das Bürgertum eine bedeutende Stellung errungen hatte. George Lillos „The London Merchant: or, The History of George Barnwell" von 1731 (deutsche Übersetzung 1772) wurde Vorbild für diese Gattung.

Gotthold Ephraim Lessing schrieb 1755 das erste bürgerliche Trauerspiel in deutscher Sprache, „Miß Sara Sampson", und legte 1772 mit „Emilia Galotti" das gültige Muster für das bürgerliche Trauerspiel in deutscher Sprache vor.

Entstehung des bürgerlichen Trauerspiels

„Seitdem kennzeichnen die folgenden Merkmale die neue Gattung: der gezielte Bruch mit der ‚Ständeklausel', der zufolge

Merkmale des bürgerlichen Trauerspiels

lediglich hohe Standespersonen in der Tragödie als Opfer tra-
gischer Verwicklungen gezeigt werden durften; die Verlage-
rung des Geschehens weg von der großen höfisch-politischen
Kulisse in den Bereich der bürgerlich-privaten Welt, die damit
das Gegenmodell liefert zur repräsentativen Öffentlichkeit ad-
lighöfischer Lebensweise, und die moralisch-aufklärerische
Belehrung als neue Funktionsbestimmung des Theaters und
die Propagierung einer bürgerlichen Tugendlehre und emp-
findsam-moralischen Gefühlskultur." (Theo Herold / Hildegard
Wittenberg, Hrsg., 1983, S. 62)

Diesem thematischen und inhaltlichen Wandel, dem Er-
setzen der hohen Standespersonen durch bürgerliche
Figuren als Träger der Handlung, geht auch ein Wandel
in der sprachlichen Form parallel; die Sprache im bürgerlichen Trauerspiel ist Prosa, nicht mehr gebundene
Verssprache (Alexandriner oder Blankverse).

Theoretische Grundlegung durch Lessing

Lessing war es auch, der 1767 im 14. Stück seiner „Hamburgischen Dramaturgie" die theoretische Grundlage
für das bürgerliche Trauerspiel schuf:

„Die Namen von Fürsten und Helden können einem Stücke
Pomp und Majestät geben; aber zur Rührung tragen sie nichts
bei. Das Unglück derjenigen, deren Umstände den unsrigen
am nächsten kommen, muß natürlicherweise am tiefsten in
unsere Seele dringen; und wenn wir mit Königen Mitleiden
haben, so haben wir es mit ihnen als mit Menschen und nicht
als mit Königen. Macht ihr Stand schon öfters ihre Unfälle
wichtiger, so macht er sie darum nicht interessanter. Immer-
hin mögen ganze Völker darein verwickelt werden; unsere
Sympathie erfordert einen einzeln Gegenstand, und ein Staat
ist ein viel zu abstrakter Begriff für unsere Empfindungen.

,Man tut dem menschlichen Herze unrecht', sagt auch Marmon-
tel, ,man verkennet die Natur, wenn man glaubt, daß sie Titel
bedürfe, uns zu bewegen und zu rühren. Die geheiligten Namen des Freundes, des Vaters, des Geliebten, des Gatten, des
Sohnes, der Mutter, des Menschen überhaupt, diese sind pa-
thetischer als alles; diese behaupten ihre Rechte immer und
ewig. Was liegt daran, welches der Rang, der Geschlechtsna-
me, die Geburt des Unglücklichen ist, den seine Gefälligkeit
gegen unwürdige Freunde und das verführerische Beispiel ins
Spiel verstricket, der seinen Wohlstand und seine Ehre darüber
zugrunde gerichtet und nun im Gefängnisse seufzet, von
Scham und Reue zerrissen? Wenn man fragt, wer er ist, so ant-
worte ich: er war ein ehrlicher Mann, und zu seiner Marter ist
er Gemahl und Vater; seine Gattin, die er liebt und von der er
geliebt wird, schmachtet in der äußersten Bedürfnis und kann

Neue Definition von Tragik

ihren Kindern, welche Brot verlangen, nichts als Tränen geben. Man zeige mir in der Geschichte der Helden eine rührendere, moralischere, mit einem Worte tragischere Situation! Und wenn sich endlich dieser Unglückliche vergiftet; wenn er, nachdem er sich vergiftet, erfährt, daß der Himmel ihn noch retten wollen, was fehlet diesem schmerzlichen und fürchterlichen Augenblicke, wo sich zu den Schrecknissen des Todes marternde Vorstellungen, wie glücklich er habe leben können, gesellen; was fehlt ihm, frage ich, um der Tragödie würdig zu sein? Das Wunderbare, wird man antworten. Wie? findet sich denn nicht dieses Wunderbare genugsam in dem plötzlichen Übergange von der Ehre zur Schande, von der Unschuld zum Verbrechen, von der süßesten Ruhe zur Verzweiflung; kurz, in dem äußersten Unglücke, in das eine bloße Schwachheit gestürzet?'" (Gotthold Ephraim Lessing, *Werke*, hrsg. von Herbert G. Göpfert, Bd. 4, Darmstadt: Wissenschaftliche Buchgesellschaft, 1973, S. 294 f.)

Die Erläuterungen Lessings zeigen deutlich, worauf es ihm ankam. Mit den bürgerlichen Figuren auf der Bühne kann sich der Zuschauer identifizieren; sie leben, leiden, agieren und reagieren in einer Welt, die auch die seine ist. Durch diese Identifikation wird der Zweck der Tragödie, wie Lessing ihn sah, erreicht: eine Katharsis des Zuschauers durch das Erregen von Furcht und Mitleid (siehe das 75. Stück der „Hamburgischen Dramaturgie"). Und noch ein Zweites geht aus Lessings Text hervor:

Die Katharsis als Absicht bzw. Zweck der Tragödie

> „Man zeige mir in der Geschichte der Helden eine rührendere, moralischere, mit einem Wort tragischere Situation!"

Es soll also in erster Linie das Feld der Moral sein, auf dem die Auseinandersetzung zwischen Bürgertum und Adel sich auf der Bühne abspielt. Deshalb müssen wir das Adjektiv „bürgerlich" auch nicht in erster Linie als Bezeichnung für eine Klasse, für den dritten Stand, verstehen, sondern als Kennzeichnung einer bestimmten moralischen Wertvorstellung, die sich von der Welt der höfischen Unmoral abhebt. Es geht in den Dramen im Allgemeinen nicht so sehr um Klassengegensätze, sondern mehr um tugendhaftes menschliches Verhalten. Diese Haltung ist nicht an die Klasse des Bürgertums gebunden. So können auch Angehörige des Adels die Rolle eines Helden im bürgerlichen Trauerspiel übernehmen, wie beispielsweise Ferdinand von Walter in „Kabale und Liebe".

Der Begriff ‚bürgerlich' als Kennzeichen einer moralischen Haltung

Und schließlich: Die Adjektive „rührend", „moralisch" und „tragisch" werden in einer Linie gesehen. Das weist auf die zwei Erscheinungsformen des bürgerlichen Theaterstücks hin. Neben den Trauerspielen, in denen die Konflikte zwischen den bürgerlichen und den höfischen Welten, die Konfrontation selbstbewusst gewordener Vertreter des Bürgertums mit der Willkürherrschaft des Absolutismus im Mittelpunkt stehen und in denen am Ende der tragische Untergang der Heldin oder des Helden dargestellt wird, entstehen Dramen, deren Wirkungen mehr rührend als tragisch sind.

Zwei Formen des bürgerlichen Theaterstücks

Als Schiller 1783 an die Arbeit zu „Luise Millerin" ging, fand er zahlreiche, sehr unterschiedliche Stücke vor, in denen aus dem Bürgertum stammende Personen als Träger der Handlung fungierten. An erster Stelle ist natürlich Lessings „Emilia Galotti" zu nennen, das Schiller als wichtiges Vorbild für sein Stück diente. Lessing hatte den Schauplatz seines Dramas nach Italien ins 17. Jahrhundert verlegt, also eine gewisse Distanz zu der Lebenswirklichkeit seiner Leser oder Zuschauer hergestellt. Auch geht es in seinem Stück nicht in erster Linie um den sozialen oder politischen Konflikt zwischen Bürgertum und Adel, sondern um Fragen der Moralität, um die Bewahrung einer tugendhaften Haltung. Freilich findet die Austragung dieses Konflikts zwischen dem Fürsten Gonzaga und der (groß)bürgerlichen Familie Galotti statt; die Tugend der Emilia Galotti wird durch den Prinzen bedroht, die Lösung kann nur durch den Tod der Heldin erfolgen.

Das bürgerliche Trauerspiel der Aufklärung: Fragen der Moralität

Anders dagegen die bürgerlichen Trauerspiele des Sturm und Drang: Die 1776 erschienenen Stücke „Die Soldaten" von Jakob Michael Reinhold Lenz und „Die Kindermörderin" von Heinrich Leopold Wagner rücken die sozialen Ursachen der Konflikte in den Mittelpunkt, weisen auf soziale Missstände hin, klagen an.

Das bürgerliche Trauerspiel des „Sturm und Drang": soziale Anklage

In „Kabale und Liebe" finden sich beide Aspekte des bürgerlichen Trauerspiels: die von den gesellschaftlichen Ständen unabhängige Frage von Moral und Unmoral und die konkrete Anklage bestehender sozialer und politischer Missstände.

„Kabale und Liebe" als bürgerliches Trauerspiel

Zunächst fällt ins Auge, dass Schiller die wesentlichen Merkmale der Gattung für sein Stück übernimmt.

Hauptperson ist das bürgerliche Mädchen Luise Miller, um sie gruppiert sich das übliche Personal: der biedere, geradlinige Vater, die beschränkte Mutter, der Ränke spinnende Schurke im Dienste des Hofes, der Hof selber in den Figuren des skrupellosen Machthabers, des albernen Hofmarschalls und der fürstlichen Geliebten und – last but not least – der adlige Liebhaber. Die Handlung spielt dementsprechend abwechselnd in der schlichten Bürgerstube und im prächtigen Salon (beim Präsidenten oder bei der Mätresse). Der zum tragischen Ende führende äußere Konflikt entzündet sich an den Standesunterschieden zwischen den beiden Liebenden.

Äußerer Konflikt: Standesunterschiede

Dagegen entsteht der „innere Konflikt" zwischen Luise und Ferdinand nicht aus dem sozialen Gefälle, das zwischen ihnen besteht: Konfliktstoff ist Ferdinands absoluter Liebesbegriff. Ferdinand (mehr noch als Luise) fühlt sich nicht als Vertreter seines Standes, bezieht die Maximen seines Handelns nicht aus den Wertvorstellungen des Adels. Sein Anliegen ist es ja gerade, die durch die Gesellschaftsordnung begründete bestehende Welt umzuwerfen. In II,3 sagt er zu Lady Milford:

Innerer Konflikt: Ferdinands Liebesbegriff

> „Wir wollen sehen, ob die *Mode* oder die *Menschheit* auf dem Platz bleiben wird."

Es wird deutlich, dass Schiller hier den von Lessing vorgegebenen Weg der Frage nach der Moral, nach menschlichen Qualitäten, nicht nach ständespezifischen, einschlägt.

Anders als bei Lessing jedoch ist „Kabale und Liebe" ein zeitgenössisches Stück: Schiller wählt eine deutsche Residenz als Schauplatz, die Handlung spielt in der Gegenwart, der Autor stellt politische Missstände der Zeit dar. Selbsterlebtes, Selbsterfahrenes ist direkt, ohne den Filter der zeitlichen oder räumlichen Verfremdung, in das Stück eingeflossen. Wer wollte, konnte in vielen Stellen des Dramas direkt die bestehenden Zustände im Herzogtum Württemberg wiederfinden: das Auspressen des Landes durch den sogenannten „Landesvater", die Prunk- und Verschwendungssucht des Herzogs, die rechtlose Stellung der Untertanen gegen gesetzwidrige willkürliche Übergriffe der absolutistischen Herrschaft. (Zum Zeitbezug siehe S. 69 ff.)

Gegenwartsbezug

Ein Drama des „Sturm und Drang"

Ein Drama
des „Sturm und
Drang"

⟶ In der Epoche des Sturm und Drang steht das Gefühl über dem Verstand. Das schrankenlose Selbstgefühl des Individuums wird im Geniebegriff verherrlicht.

⟶ Ferdinand ist der Prototyp eines Stürmer und Drängers. Sein Gefühl, sein Herz ist der Maßstab, an dem er die Welt und seine Mitmenschen beurteilt. Diese egozentrische Sicht führt zu falschen Urteilen und in die Katastrophe.

Kennzeichen des „Sturm und Drang": Gefühl gegen Verstand

Schrankenloses Selbstgefühl des Individuums

Geniebegriff

„In der Bewegung des Sturm und Drang (so genannt nach einem Drama von Maximilian Klinger mit dem ursprünglichen Titel ‚Wirrwarr', 1776) empört sich eine junge Generation gegen die Herrschaft der Ratio und zugleich gegen die gesellschaftlichen und sozialen Verhältnisse im Zeitalter der Aufklärung. Gefühl und Phantasie sprengen die Fesseln einer reinen Verstandeskultur, die Freiheit des Individuums steht über Ordnungsprinzipien, die sich nur von der Vernunft herleiten. [...] Das schrankenlose Selbstgefühl der Stürmer und Dränger bricht sich vor allem in dramatischen Werken Bahn. [...] Denn gerade im Raum des menschlichen Handelns vermag das schöpferische Genie sich frei zu entfalten, können ethische Forderungen erhoben und politische und soziale Mißstände angegriffen werden. Zwei Grundhaltungen lassen sich unterscheiden: Die erste stellt die klar geordnete Welt der Aufklärung radikal in Frage und fordert Freiheit des Gefühls und der Leidenschaften. Rücksichtsloser Realismus der Sprache und grenzenloser Subjektivismus kennzeichnen deshalb die Werke des Jakob Michael Reinhold Lenz (z.B. ‚Der Hofmeister', 1774, oder ‚Die Soldaten', 1776) und Heinrich Leopold Wagners (‚Die Kindermörderin', 1776). Eine zweite Gruppe verherrlicht das Kraftgenie, den großen Kerl. Sein Schicksal wird besonders in den Dramen Maximilian Klingers dargestellt. Die Tragödien des jungen Schiller schließen beide Richtungen ein; auch Goethes Götz steht unter ihrem Einfluß." (Karl Kunze / Heinz Oblän der, *Grundwissen. Deutsche Literatur*, Stuttgart: Klett, 1976, S. 21 f.)

Merkmale des Sturm und Drang in „Kabale und Liebe"

Gemessen an dieser allgemeinen Bestimmung der Wesensmerkmale des „Sturm und Drang" gehört Schillers Jugendwerk „Kabale und Liebe" in mehrfacher Hinsicht zu dieser literarischen Epoche. Die radikale Kritik an den politischen und gesellschaftlichen Zuständen des Absolutismus, die Betonung des Rechts auf eine individuelle Lebensgestaltung entgegen den überkommenen Normen der gesellschaftlichen Konventionen, der Versuch, die Fesseln der ständischen Zwänge zu sprengen, und die Forderung nach „Freiheit des Gefühls und der Leidenschaften" weisen Schillers Drama als ein Werk des „Sturm und Drang" aus.

Der spezielle Vertreter dieser Vorstellungen, in gewisser Hinsicht der „große Kerl", ist Ferdinand von Walter. In ihm vereinigt Schiller wesentliche Elemente dieser Epoche. Das Schlüsselwort für Ferdinand ist „Herz", sein subjektives Gefühl, das von ihm absolut gesetzt wird über alle realen Gegebenheiten hinweg. Mit diesem Wort begründet er seinen Absolutheitsanspruch gegenüber Gott und der Welt. An seinem „Herzen" misst er seine Umwelt und die Menschen, die ihm begegnen, nach seinem „Herzen" beurteilt er alle Situationen, in denen er sich befindet; sein „Herz" gibt ihm die Kraft, für seine Liebe zu kämpfen, die Welt in die Schranken zu weisen; sein „Herz" verbindet ihn mit den „ewigen Mächten"; sein „Herz" schließlich gibt ihm das Recht, über Leben und Tod seiner Geliebten zu entscheiden.

Dieses „Herz" aber führt ihn andererseits aus der Wirklichkeit in eine Scheinwelt, lässt ihn Menschen und Situationen egozentrisch und damit falsch beurteilen. Luises Wort fasst diese Hybris klar:

> „O des frevelhaften Eigensinns! Ehe er sich eine Über-
> eilung gestände, greift er lieber den Himmel an." (V,7)

Das „Herz" verstellt Ferdinand die Sicht auf die Realität, verbaut ihm den Zugang selbst zu seiner Geliebten, führt am Ende mit zur Katastrophe.

Für Schiller als dem jüngsten dieser Dichtergeneration (geb. 1759; Wagner 1747, Goethe 1749, Lenz 1751 und Klinger 1752) zeigt sich der verabsolutierte Subjektivismus des Sturm-und-Drang-Helden nicht ungebrochen. Ferdinand scheitert eben nicht nur an den äußeren Gewalten, die auf ihn einstürmen; die Hybris, die in der Verabsolutierung des Individuums liegt, führt ebenso wenig zu einer besseren Welt wie die überkommene und überholte gesellschaftliche Ordnung. Am Ende des Stücks liegt die Welt in Trümmern.

Ferdinand als Prototyp des ‚Stürmers und Drängers'

Das ‚Herz' als letzte Beurteilungsinstanz

Schillers Position zum Sturm und Drang

Zum Titel des Werks

Zum Titel des Werks	→ Der von Schiller gewählte Titel „Luise Millerin" rückt das Schicksal der Hauptperson in den Vordergrund. → Der publikumswirksamere Titel „Kabale und Liebe" wird bei den Proben zur Mannheimer Erstaufführung von Iffland vorgeschlagen und von Schiller akzeptiert.

Titeländerung

Schiller nannte sein Schauspiel „Luise Millerin" und hob mit diesem Titel die Bedeutung der Figur Luises für die dramatische Handlung des Stücks deutlich hervor. Während der Proben für die Mannheimer Erstaufführung erfand der mit Schiller gleichaltrige Schauspieler und Stückeschreiber August Wilhelm Iffland, der damals die Rolle des Sekretärs Wurm spielte, den publikumswirksameren Titel „Kabale und Liebe" („Kabale" = Tücke; Ränke, Intrige). Dieser wurde vom Autor akzeptiert und ist seitdem für das Stück üblich geworden. Unter diesem Titel erschien das Drama 1784 im Druck, und Schiller verwandte danach stets diesen Titel.

Unterschiedliche Beurteilung des Titels

Dennoch ist über die Berechtigung dieses Titels für das Stück viel und sehr kontrovers geschrieben worden. Die Unterschiede in der Bewertung des neuen Titels sind auf die unterschiedlichen Interpretationen des Werks zurückzuführen. Einige Beispiele aus der fachwissenschaftlichen Literatur sollen die verschiedenen Meinungen stellvertretend beleuchten.

> „Im August 1783 las Schiller den Schauspielern die endgültige Fassung vor und ließ dann das Drama unter dem von Iffland vorgeschlagenen, etwas reißerischen Titel ‚Kabale und Liebe' drucken." (B. von Wiese, 11959, S. 192)

> „Die ursprüngliche Benennung des Werkes erfuhr eine Änderung, es wurde von Iffland als Gegendienst dafür, daß Schiller dem Familienstück Ifflands den Titel ‚Verbrechen aus Ehrsucht' gegeben hatte, mit dem zugkräftigeren Titel ‚Kabale und Liebe' versehen." (Klassik, 1978, S. 163)

> „Das Paar Ferdinand – Luise wird zum Zeugnis, zum sichtbaren Beleg für den ‚Riß zum unendlichen Weltall'. Zugleich aber

auch zur Front oder zum Lager, gegen das die Allianz der zynischen Weltleute – der Präsident, Wurm und Kalb – steht. In diesem Betracht ist Ifflands Titel ‚Kabale und Liebe‘ völlig angemessen, genauer als der zunächst von Schiller gesetzte." (G. Storz, 1963, S. 96)

„Hervorgehoben sei: im Widerspruch zu den bisher gegebenen Interpretationen tritt für uns Luise in den Mittelpunkt der Tragödie: als Opfer und Heldin. Man weiß, daß Schiller den Titel ‚Luise Millerin‘ gewählt hatte und erst Iffland den, man möchte sagen, ‚Kino‘-Titel ‚Kabale und Liebe‘ erfand, der nun leider trotz seiner Oberflächlichkeit Tradition geworden ist." (F. Martini, 1952, S. 21)

„Wir beginnen mit dem Titel. Es ist heute üblich, Schillers ursprünglicher Form ‚Luise Millerin‘ Ifflands Vorschlag ‚Kabale und Liebe‘ vorzuziehen. Allerdings enthält Schillers Titel zwei wichtige Hinweise. Wir erfahren, daß nur Luise und nicht etwa das Paar die Hauptperson ist, und die Namensform bezeichnet deutschen Ohren deutlicher als etwa ‚Emilia Galotti‘ die bürgerliche Heldin. ‚Kabale und Liebe‘ findet man oberflächlich und reißerisch. ‚Oberflächlich‘ besagt, daß man von den beiden Begriffen eine thematisch erschöpfende Kennzeichnung erwartet, die sie natürlich nicht leisten. Sie finden sich zwar an einigen Stellen des Stücks (II,1, Lady: ‚Hofkabale – Liebe‘, vgl. Ferdinand in II,5 und Wurm in III,1), aber da die Liebenden innerlich längst getrennt sind, ehe die Kabale sie zu entzweien beginnt, muß der Titel vom eigentlichen Problem ablenken. Es ist aber die Frage, ob er überhaupt ein Problem andeuten und nicht vielmehr den Affekt des Zuschauers in Bewegung setzen will. Das meint man, wenn man ihn reißerisch nennt, und man mißbilligt gerade, worin für Schiller und seine Zeit der Vorzug dieses Titels lag. Leidenschaften zu erregen und zu beschwichtigen, galt als der Zweck des Dramas […]. Und hier wird zudem nicht auf beliebige, sondern offensichtlich auf die aristotelischen Affekte hingewiesen: die Kabale versetzt uns in Furcht oder Schrecken, und die Liebe erregt Mitleid und Rührung. […] Man darf von Ifflands Titel keine Interpretationshilfe erwarten, aber man muß ihm auch den odiosen Klang nehmen, den ihm unser modernes Empfinden beigelegt hat." (W. Binder, 1964, S. 252)

Schillers Theatertheorie zur Entstehungszeit

Schillers Theater- theorie zur Entstehungs- zeit

→ Kabale und Liebe ist kein Lehrstück einer Theater- theorie. Trotzdem werden manche Züge des Stückes durch Schillers theoretische Überlegungen deutlicher.

→ Das Theater hat als „moralische Anstalt" einen Erziehungsauftrag. Es hat eine Mittlerrolle zwischen Freiheit und Notwendigkeit. Auf der Bühne wird der Kampf zwischen Individuum und den gesellschaftli- chen Zwängen idealisch gewonnen.

Schillers Theatertheorie zur Entstehungs- zeit

Noch in der Mannheimer Zeit, 1784, veröffentlichte Schiller im 1. Heft der Zeitschrift *Die Rheinische Thalia* ein theoretisches Werk über seine damaligen Vorstellungen vom Theater und von der dramatischen Literatur: „Die Schaubühne als eine moralische Anstalt betrachtet". Es ist nur zu selbstverständlich, dass die in dieser Schrift geäußerten Ideen seinem fast gleichzeitig entstandenen Stück zugrunde liegen. „Kabale und Liebe" ist jedoch kein Demonstrationsobjekt für die in seinem Aufsatz vorgebrachten Vorstellungen; Schiller verfasste keine „Lehrstücke". Die Aussagen der Schrift können aber man- chen charakteristischen Zug des Theaterstücks besser erhellen.

Tragödie als Theodizee

Die Tragödie als Theodizee (die Antwort auf die Frage, wie das Vorhandensein des [moralisch] Bösen in der Welt mit der Welt als Schöpfung Gottes in Einklang zu bringen ist) ist der Hauptgedanke des Aufsatzes. Eine Aufgabe des Theaterschriftstellers ist es also, die Ord- nung der Welt als eine von Gott geschaffene zu zeigen, indem die höhere Gerechtigkeit auf der Bühne wieder hergestellt wird. Die Bühne hat eine demonstrierende und erzieherische Aufgabe zu leisten, der Theaterdich- ter soll „Lehrer des Volkes" sein, die „Nationalbühne" einen „Weg zur Bildung einer Nation" weisen. (Der letzt- genannte Aspekt der Schrift wird hier nicht weiterver- folgt.)

Erziehungsauf- trag des Theaters

Ein Ziel des Theaters ist die Erziehung zur Veredelung des Menschen durch Bildung. Die dramatische Literatur erfüllt den Menschen mit Liebe zu tugendhaftem Verhalten und mit Abscheu vor dem Laster. Indem das Geschehen auf der Bühne dem Publikum ein Spiegelbild des wirklichen Lebens vorhält, lehrt sie es Nachsicht, Toleranz und bewirkt eine Läuterung der eigenen Leidenschaften. Das Theater ist also insofern eine „moralische Anstalt", als dass es durchaus im Sinne von Aristoteles und Lessing eine „Katharsis" bewirken kann.

Theater als „moralische Anstalt"

Freilich, der junge Schiller war sich dessen bewusst, dass das Theater die Menschen und die Welt nicht ändern wird. Aber „die Schaubühne führt uns eine mannigfaltige Szene menschlicher Leiden vor". Sie gibt „unmittelbare Anschauung von Seelenvorgängen, Seelenerschütterungen und Seelengefährdungen". So eröffnet das Theater auf eindrucksvolle Weise Kenntnis vom Wesen des Menschen, denn:

> „So gewiß sichtbare Darstellung mächtiger wirkt als toter Buchstab und kalte Erzählung, so gewiß wirkt die Schaubühne tiefer und dauernder als Moral und Gesetze." (Werke 13, S. 87 f.)

Die höchste Wirkung der Bühne liegt aber darin, dass sie den Menschen vom Druck des täglichen Lebens befreit. Sie weist einen Weg, dass eine Lösung im Streit zwischen der „harten Notwendigkeit" und der inneren Freiheit des Menschen möglich ist. Der Kampf des Individuums mit den gesellschaftlichen, sittlichen und religiösen Zwängen wird auf der Bühne vom Menschen idealisch gewonnen:

Mittlerrolle zwischen Freiheit und Notwendigkeit

> „In dieser künstlichen Welt träumen wir die wirkliche hinweg, wir werden uns selbst wieder gegeben" (Ebd., S. 95).

Interpretationsansätze

Interpretations-ansätze	
	➡ Die Interpretationen zu „Kabale und Liebe" gehen in drei Hauptrichtungen.
	➡ Als soziales Drama steht die Anklage der sozialen und politischen Missstände im Vordergrund. Zugespitzt wird die Auseinandersetzung als Zeugnis des Klassenkampfes gesehen.
	➡ Der religiöse Interpretationsansatz betrachtet v. a. die Liebe zwischen Luise und Ferdinand in ihrer Absolutheit. Eine irdische Welt mit ihren verzerrten Maßstäben wird einer ewig gültigen gegenübergestellt.
	➡ Eine existenzielle, sinndeutende Interpretation betrachtet die beiden Hauptfiguren in ihren Beziehungen.

Schillers Jugendwerk ist in der Literaturwissenschaft in seiner Qualität als Dichtung unumstritten; die Interpreten sind sich darin einig, dass dem jungen Dichter mit diesem Drama ein Meisterwerk gelungen sei. Vielschichtigkeit und nicht Eindimensionalität ist allemal ein Zeichen für Qualität in der Literatur; die zahlreichen, voneinander so sehr verschiedenen Deutungsversuche bestätigen also nur das Meisterliche an diesem Stück. Drei hauptsächliche Deutungsmöglichkeiten des Dramas lassen sich in der Sekundärliteratur unterscheiden.

Interpretation als soziales Drama

Da ist zunächst die Interpretation als „soziales Drama", als politisches Tendenzstück. Der Ansatzpunkt liegt nahe: Schiller stellt „Kabale und Liebe" unmittelbar in seine Gegenwart, klagt die sozialen und politischen Missstände seiner Zeit realistisch an. In der äußersten Zuspitzung dieses Interpretationsansatzes wird das Stück in das Schema des dialektischen Materialismus gepresst, die dramatischen Auseinandersetzungen als Zeugnis des Klassenkampfes im antagonistischen Gegensatz zwischen Feudalismus und Bourgeoisie begriffen.

> „Geschichtlich gesehen, spiegelt der persönliche Konflikt Luises, Millers und Ferdinands die gesellschaftliche Auseinandersetzung des aufsteigenden jungen Bürgertums mit dem seine

Vorrechte noch zäh verteidigenden Feudalabsolutismus wider
[…]." (Klassik, 1978, S. 166)

Der Blick richtet sich dabei naturgemäß auf die Gestalten des – als fortschrittlich begriffenen – (Klein-)Bürgertums; der Musiker Miller rückt in den Mittelpunkt; Ferdinand wird als „aufgeklärter Rebell" begriffen, als
„Adelsdemokrat", der sich von seiner Klasse lossagt. Verständlich, dass in dieser äußersten Position der marxistisch-dialektischen Sehweise wesentliche Elemente des
Dramas – der sogenannte „innere Konflikt" zwischen
den Liebenden, die religiöse Dimension des Stücks – an
den Rand gedrängt oder gar beiseite geschoben werden.

Diesem Interpretationsansatz entgegengesetzt sind die
religiösen und metaphysischen Deutungen des Dramas.
Nach ihnen geht es Schiller vor allem – wie in den „Räubern" – um ein theologisches Anliegen. Im Mittelpunkt

**Religiöse
Deutung des
Dramas**

stehe „die Gegenüberstellung einer vorläufigen, verzerrten, irdischen Welt und einer ewigen, gültigen" (Gerhard Storz). Die Liebe zwischen Luise und Ferdinand
wird in ihrer Absolutheit gesehen, ihre Unbedingtheit
misst sich an göttlichen Geboten, nicht an menschlichen. Diese Deutungen richten ihr Augenmerk vornehmlich auf das Ende des Stücks; hier rufe „Schiller
das Gericht der Transzendenz an, damit es den Seelenmord an Ferdinand und Luise bestraft und die bis an die
Wurzel erkrankte Gesellschaft vor das Forum der Ewigkeit stelle." „Als solches Tribunal ist die Schlußszene
gemeint" (Benno von Wiese). Die endzielgerichtete Tendenz des Werks wird deutlich bei Gerhard Storz:

„Wie in den ‚Räubern', so geht es auch in ‚Kabale und Liebe' um
die große Probe darauf, ob es ein ewiges Sittengesetz gibt und
ob es in unwidersprechlicher Macht gilt. Der Schluß der Räuber gewinnt […] die merkwürdige Ausweitung und Erhöhung:
er mündet in der Überwirklichkeit des Jüngsten Gerichtes. Ausblick und Hinweis darauf erfolgen in ‚Kabale und Liebe' von
Anfang an in großer Häufigkeit, selbst der Präsident spricht
(I,7) vom ‚Donner des Richters'. Der Ausgang kommt dem der
Räuber sehr nahe: Ferdinands Worte an den Vater enthalten
eine feierliche Vorladung ‚vor den Richter der Welt', und in
Wurms jäh ausbrechender Sinnesverwirrung, in seinem Ruf
nach Justiz und Gerichtsdienern, im Zusammenbruch des Prä

sidenten und seiner Selbstauslieferung („Jetzt euer Gefange-
ner!") scheint das so dringlich angerufene überirdische Gericht
jählings hienieden schon hereinzubrechen. Durch dieses bürgerliche Trauerspiel geht also deutlich ein eschatologischer
Zug, und allein schon daran wird seine Eigentümlichkeit, seine
Monumentalität sichtbar, durch die es sich von den vergleich-
baren Dramen der Vorgänger und Zeitgenossen abhebt."
(G. Storz, 1963, S. 95)

Diese Deutungsweise stellt die zeitkritischen Züge des
Werks in den Hintergrund, sieht in ihnen mehr Kolorit
und Inhalt des Stücks als dessen Thema. Das Werk wird
als „Jugenddrama" in der Entwicklung Schillers gesehen, dies zeigt auch der mehrmalige Vergleich mit Schillers erstem Werk, mit den „Räubern". So fasst Benno
von Wiese zusammen:

> „Schiller stand am Scheidewege. Vielleicht hätte er politischer
> Dichter im engeren Sinne werden können, wenn er die Ankla-
> ge gegen die von ihm so gnadenlos gezeigte Gesellschaft sei-
> ner Zeit noch verstärkt hätte. Aber ebenso wichtig war für ihn
> sein theologisches Anliegen. Wollte er dieses retten, da auch
> der richtende Gott allein nicht mehr genügte, so mußte er es
> verwandeln und in jenen Bereich mit hineinnehmen, der sich
> nach einer solchen Analyse der eigenen Zeit, wie sie Schiller
> mit ‚Louise Millerin' gegeben hatte, nicht länger umgehen ließ
> und den der Dichter selber noch nicht genügend kannte: den
> Bereich der Geschichte. Das aber bedeutet den Weg zu ‚Don
> Carlos', der einen neuen Glauben in eine neu angeeignete Ge-
> schichte hineinträgt und darin zu behaupten sucht." (B. von
> Wiese, 1959, S. 218 f.)

**Existenzielle
Deutung**

Den dritten bedeutenden Aspekt, unter dem das Werk
betrachtet wird, kann man mit existenzieller, sinndeu-
tender Interpretation bezeichnen; diese Deutung geht
von der Grundlage der Existenzphilosophie aus. Sie in-
terpretiert das Werk von einer modernen Seite, deutet
vor allem die beiden Hauptfiguren in ihren existenziel-
len Beziehungen. Luise wird als Mensch gesehen, die
„um die Grenzen des Menschen in dieser irdischen Wirklichkeit weiß" (F. Martini, 1952, S. 18 ff.). Sie verzichtet
auf die Erfüllung ihrer Liebe eben aus dieser existenziel-
len Ungewissheit, aus der Unbehaustheit des Menschen
in dieser Welt; sie findet weder in den unsicheren Bezü-
gen der sozialen Wirklichkeit, in der sie lebt, noch in
der „verbotenen" Liebe zu Ferdinand sinnstiftenden

Halt. Dazu trägt vor allem die Art bei, in der Ferdinand seine Beziehung zu Luise versteht. Seine Problematik liege in einem „ungehemmten Subjektivismus", der ins Maßlose führe und eben deshalb keinen Fixpunkt in der Realität finde oder gar (für Luise) darstelle. Ferdinand versagt vor dem Sein des Gegenübers. Er sehe in Luise kein eigenständiges Wesen, er fühle sich als Vollzugsorgan der höheren Macht. „Das Mädchen ist mein: immer wieder klingt dieser schauerliche Satz auf, der die freie Person zur Sache entwürdigt." (A. Beck, 1955, S. 163 ff.) Die genannten Interpretationen, so interessant, anregend und aufschlussreich sie für unsere eigene Standortbestimmung sind, lassen jedoch weitgehend den historischen Kontext der Entstehung des Stücks außer Acht; sie sehen Schiller mehr als unseren Zeitgenossen denn als Menschen des 18. Jahrhunderts, als jungen Dichter des „Sturm und Drang".

Die beiden abschließend zitierten Auszüge sollen zusammenfassend zeigen, wie verschieden das Drama für den Gebrauch im Unterricht der Oberstufe vorgestellt wird.

Zwei Interpretationsbeispiele

Der Text aus den „Erläuterungen zur Deutschen Literatur" aus der DDR stellt das Werk als realistisches „soziales Drama", als Kampfstück dar, das Beispiel geben soll und gegeben hat, und als bedeutendes Werk der deutschen Nationalliteratur, während die Verfasser der „Geschichte der deutschen Literatur" (Stuttgart: Klett, 1983) den literar- und gattungsgeschichtlichen Zusammenhang betonen, das Werk als Beispiel für das bürgerliche Trauerspiel im 18. Jahrhundert sehen.

1. Interpretationsansatz

„Mit diesem Stück kehrte Schiller zur deutschen Wirklichkeit zurück. Es waren die Erfahrungen seines eigenen Lebens, es waren die württembergischen Zustände seiner Zeit, die Schiller den Vorwurf für dieses, sein größtes realistisches Drama gaben. Überwunden ist hier der ungebärdige Subjektivismus des ‚Räubers' Moor, in diesem Drama gibt es kein ‚Genie' der Sturm-und-Drang-Zeit, das auf eigene Faust die herrschende

Hervorhebung der gesellschaftskritischen Aspekte

Ordnung mit untauglichen Mitteln umstürzen will; die Helden von ‚Kabale und Liebe' sind zwei einfache deutsche Menschen, deren Liebe auf die Schranken der herrschenden gesellschaftlichen Verhältnisse stößt. In ‚Kabale und Liebe' gab Schiller realistisch gesehene Charaktere aus dem deutschen Leben seiner Zeit. [...]

Das Drama ‚Kabale und Liebe' wurde zur stärksten Anklage gegen ein ganzes System, weil Schiller, den Bahnen folgend, die Lessing mit ‚Emilia Galotti' gewiesen hatte, den Stoff direkt der deutschen Wirklichkeit entnahm, die er in Württemberg unter der Herrschaft Karl Eugens allseitig studieren konnte. Schiller scheute sich nicht, die realen Erscheinungsformen des deutschen Despotismus auf die Bühne zu bringen. So lagen zum Beispiel der erschütternden Kammerdiener-Szene wirkliche Vorgänge zugrunde. [...] Es ist nicht wichtig, welche Episode Schiller direkt die Anregung zu seiner großen Szene gab. Das Wesentliche ist, daß seine Darstellung der brutalen Methoden, mit denen damals die deutschen Fürsten ihre Untertanen verhandelten, um die Ausgaben für ihr verschwenderisches Schmarotzerleben zu decken, der Wahrheit entsprach und darum zu einer furchtbaren und wirksamen Anklage gegen den deutschen Absolutismus wurde, die ein weites Echo im deutschen Volk fand. Und eine tiefe Wirkung übte auch die Figur seines Ferdinand aus, des ‚deutschen Jünglings', der, allen Verlockungen einer reichen, aber ehrlosen Heirat mit einer fürstlichen Mätresse widerstehend, der höfischen Gesellschaft und auch dem eigenen Vater den Kampf ansagt: ‚Umgürte dich mit dem ganzen Stolze deines Englands – Ich verwerfe dich – ein deutscher Jüngling!' Diese patriotischen Worte, mit denen Ferdinand die fürstliche Mätresse zurückweist, die Kühnheit, mit der er der ganzen höfischen Welt trotzt, fanden bei der von patriotischen Gefühlen erfüllten Jugend stets einen starken Widerhall, machten Ferdinand in noch höherem Grade als Karl Moor zum Vertreter des Kampfes gegen die herrschenden Zustände. Und auch Luise, die in ihrer Liebe zu Ferdinand aufgeht, die in ihrer jungfräulichen Reinheit den schärfsten Kontrast zu der Sittenlosigkeit der herrschenden Kreise bildet, war eine Gestalt, deren Leid und Unglück tiefe Bewegung auslöste. Mit diesen Gestalten appellierte Schiller an die besten Kräfte der deutschen Jugend, die sich in der Bewegung des Sturm und Drang gegen die Lotterwirtschaft der deutschen Höfe auflehnte und mit Ferdinand in echtem Patriotismus die Mätressenwirtschaft und den Prunk der Machthaber verdammte, der auf der Ausplünderung des Volkes beruhte." (Klassik, 1978, S. 164 f.)

2. Interpretationsansatz

„Lessings ‚Emilia Galotti' und Schillers ‚Kabale und Liebe' gehören nicht nur zu den wichtigsten und bekanntesten Beispielen
des Bürgerlichen Trauerspiels, sie repräsentieren auch einen
besonderen Typus: Gezeigt wird, wie bürgerliche Welt- und
Lebensordnung in höfische Intrige verstrickt wird und darin
scheitert. [...]

Einordnung in die literaturgeschichtliche Tradition

Die höfische Welt
[...] Schiller wird hier viel konkreter als Lessing: die brutale
Praxis des Soldatenverkaufs, wie sie in der berühmt geworde-
nen Kammerdienerszene bloßgestellt wird, die Genuß- und
Verschwendungssucht eines Fürsten, der das erpreßte Geld in
Geschenke für seine Favoritin umsetzt, die eitle Dummheit
und schmarotzerhafte Arroganz jener Hofschranzen, wie sie in
der Person des Hofmarschalls von Kalb karikiert werden –
Schiller zeichnet ein realistisch-düsteres Bild jener Zustände,
die er selber kennt.

Die bürgerliche Familie als Gegenmodell?
Der höfischen Welt der ‚Kabale' setzen Lessing und Schiller die
private Welt der Familie gegenüber. [...] Es ist die Struktur der
bürgerlichen Kleinfamilie, wie sie sich historisch in Deutschland im 18. Jahrhundert allmählich herausbildet. [...]

Es ist insbesondere [die] patriarchalische Struktur, die die Familie des Bürgerlichen Trauerspiels immer wieder ins Zwielicht
rückt. Es zeigt sich, daß auch in dieser Welt der Zurückgezo-
genheit und der festen sittlich-moralischen Grundsätze Autori-
tätsstrukturen hineinreichen, wie sie das absolutistische System im ganzen bestimmen. [...]

Tragische Konfliktlösung
In beiden Stücken führt der Antagonismus Hof-Familie zum
tragischen Schluß. [...] Schiller verstärkt gegenüber Lessing
den Eindruck, daß die Bürger die eigentlichen Opfer sind. Luise und ihr unglücklicher Vater haben im Schlußakt keine Möglichkeit mehr, in den Ablauf der Ereignisse noch entscheidend
einzugreifen. [...]
Mit einer weiteren Änderung sprengt Schiller schon fast die
Formtradition des Bürgerlichen Trauerspiels. In der letzten
Szene sind nicht nur die am Geschehen unmittelbar Beteiligten auf der Bühne; der alte Miller erscheint vielmehr ‚mit Volk
und Gerichtsdienern, welche [wie es in der Regieanweisung
heißt] sich im Hintergrund sammeln'. Für die Schuld des Präsidenten werden die Gerichte zuständig sein, und der politische

Skandal wird sich nicht mehr vertuschen lassen. Anders als Lessing rückt Schiller den dramatischen Vorgang damit wieder in eine Perspektive des Öffentlichen, die Lessing bewußt eliminiert hatte." (Theo Herold / Hildegard Wittenberg, Hrsg., 1983, S. 62 ff.)

Historische Bezüge

> ⇒ Die Situation im Herzogtum Württemberg kennt Schiller aus eigener Erfahrung. Er besuchte acht Jahre lang die herzogliche „Militär-Akademie" und sein Vater war ebenfalls im fürstlichen Dienst.
> ⇒ Schiller kritisiert v. a. die Bereiche Verschwendungssucht am Hof, Mätressenwesen, Intrigen, Willkürherrschaft und Soldatenverkauf.

Historische Bezüge

Die gesellschaftlichen und politischen Zustände, die Schiller seinem Trauerspiel zugrunde legt, beziehen sich auf die damalige Situation im Herzogtum Württemberg unter Karl Eugen. Herzog Karl Eugen war 1737 als 9-jähriger Knabe Nachfolger seines verstorbenen Vaters geworden und trat im Alter von 16 Jahren die Alleinregierung an. Im Allgemeinen setzt die Geschichtsschreibung eine Zäsur in der langen Regierungszeit Karl Eugens mit dessen 50. Lebensjahr (1778) an: Verschwendungs- und Ruhmsucht vorher, Betonung des landesväterlichen Aspekts mit einem ausgeprägten pädagogischen Willen in der zweiten Hälfte. (Karl Eugen starb 1793.) Von diesen erzieherischen Ambitionen des Herzogs wurde Schiller persönlich betroffen: Mit 13 Jahren kam er 1772 als „Eleve" auf die herzogliche „Militär-Akademie" (die spätere „Hohe-Karls-Schule"), die Schiller acht Jahre lang besuchte und 1780 mit 21 Jahren als junger Mediziner verließ. Sein Vater stand ebenfalls im fürstlichen Dienst; er wurde 1775 zum Major und „Intendanten" der herzoglichen Hofgärtnerei ernannt, die neben dem vom Herzog 1764–69 erbauten Schloss Solitude bei Stuttgart angelegt worden war. So kannte Schiller die zwei Zentren des damaligen württembergischen Hofes – die Residenz Stuttgart und das Lustschloss Solitude – aus nächster Nähe.

Bezüge zur württembergischen Zeitgeschichte

Die absolutistischen Praktiken, die Schiller in „Kabale und Liebe" kritisiert, umfassen fünf Bereiche.

1. Die Verschwendungssucht am herzoglichen Hof

(siehe besonders II,2)

Hofhaltung

Obwohl Württemberg zu der Zeit ein verhältnismäßig armes Land mit etwa 600.000 Einwohnern war, umfasste der Hofstaat Karl Eugens zeitweise rund 2.000 Personen, denen allen ein standesgemäßes Leben ermöglicht werden musste. Das Vorbild in der Hofhaltung war für Karl Eugen der Versailler Hof, und dementsprechend aufwändig ging es bei den häufigen Festen, Bällen, Opernaufführungen, Feuerwerken und Jagden zu. Bei besonderen Anlässen erhielten die anwesenden Damen beispielsweise Geschenke im Wert von 50.000 Talern. Der Herzog pflegte den Fasching in Venedig zu feiern; auf diese Reisen begleiteten ihn gewöhnlich an die 700 Personen, deren Reise- und Aufenthaltskosten selbstverständlich von Staats wegen beglichen wurden.

Errichtung von Repräsentativbauten

Daneben entfaltete Karl Eugen eine rege Tätigkeit in der Errichtung repräsentativer Bauten: Das Neue Schloss in Stuttgart, die Lustschlösser Solitude und Hohenheim bei Stuttgart sowie Monrepos bei Ludwigsburg verschlangen Unmengen von Geld. Aus dem Ausland wurden viele Künstler angeworben, die Oper in Stuttgart kostete Unsummen: „Theater und Jagden, Prunkbauten und Soldaten kosteten viel mehr, als das Land auf geordnetem Wege aufbringen konnte." (Ernst Marquardt, *Geschichte Württembergs*, Tübingen: Wunderlich, 2., durchges. Aufl. 1962, S. 202 f.) Da musste der Herzog – neben anderen Geldquellen wie einem Subsidienvertrag mit Frankreich

Ausbeutung der Bevölkerung

und dem Verkauf von Soldaten – der Bevölkerung das Geld regelrecht abpressen. Schiller übrigens benutzte die ungewöhnlich aufwändigen Festlichkeiten anlässlich des Besuchs des Großfürsten Paul von Russland in Stuttgart als günstige Gelegenheit zu seiner Flucht nach Mannheim (22. September 1782).

2. Das Mätressenwesen

(siehe besonders II,1 und 3; IV,7–9)

Herzog Karl Eugen war seit 1748 mit Elisabeth Friederi-
ke von Brandenburg-Bayreuth, einer Nichte Friedrichs
des Großen, verheiratet. Bald aber hatte der Herzog neben seiner Frau die üblichen Affären. Der Hofkalender
verzeichnete zeitweise sechs solcher Damen gleichzeitig.
(Die Herzogin verließ deshalb den württembergischen
Hof und kehrte nie wieder dorthin zurück.) Favoritin
Karl Eugens war seit 1767 die Italienerin Katarina Bonafini. Ihre Nachfolgerin wurde Franziska von Leutrum,
damals 23 Jahre alt. Die Venezianerin Bonafini wurde
deshalb 1771 mit dem Rittmeister von Poeltzig verheiratet. Franziska, seit 1774 Reichsgräfin von Hohenheim
und seit 1780 mit Karl Eugen verheiratet, wurde das Vorbild für Lady Milford in „Kabale und Liebe". Sie hatte einen günstigen Einfluss auf die Person des Herzogs: „Es
war das Glück des Landes, daß ‚des Herzogs Franzel' eine
ebenso kluge wie gütige Frau war, die es verstand, dem
eigenwilligen Manne ihre Vorschläge als eigene Ent-
schlüsse zu suggerieren." (E. Marquardt, 1962, S. 212)

Affären

*Zeitgenössisches
Vorbild für
Lady Milford*

3. Intrigen

(siehe besonders I,5 und 7; II,7 und V,8)

Für die Verbrechen, durch die Schiller in seinem Stück
den Präsidenten ins Amt gelangen lässt, finden sich
auch Vorbilder im Herzogtum Württemberg. Der zur
Zeit Schillers als leitender Minister am württembergischen Hof amtierende Graf Friedrich Samuel Monmar-
tin hatte sich 1762 das alleinige Vertrauen des Fürsten
durch eine infame Intrige (gefälschte Briefe) gegen seinen einstigen Mitminister und nunmehrigen Rivalen,
den Oberkriegsrat Friedrich Philipp Rieger, verschafft.
Rieger, der dem Herzog mit brutalsten Mitteln die Solda-
tenaushebungen im Land organisiert hatte, wurde nun
nicht wie der Rivale in Schillers Stück beseitigt, aber
doch aus seinem Amt gejagt und als Hochverräter jahre-
lang gefangen gesetzt.

*Zeitgenössische
Vorbilder für
den Präsidenten*

4. Willkürherrschaft

(siehe besonders II,6 und 7; III,3)

Umgang mit Kritikern der absolutistischen Ordnung

Bei seiner Kritik am willkürlichen Vorgehen der Herrschenden gegenüber den Untertanen, an Verhaftungen und Einkerkerungen ohne jedes gerichtliche Urteil dachte Schiller sicher in erster Linie an das Schicksal des Journalisten und Dichters Christian Friedrich Daniel Schubart. Den streitbaren und angriffslustigen Kritiker der absolutistischen Machenschaften ließ der Herzog mehr als zehn Jahre auf der Festung Hohenasperg einkerkern (1777–87). Bezeichnend war die Art, wie man Schubarts habhaft wurde. Anlässlich eines Aufenthalts in der freien Reichsstadt Ulm wurde der leichtsinnige Dichter mit falschen Angaben nach Blaubeuren gelockt, also auf württembergisches Territorium, dort verhaftet und sogleich eingesperrt.

Schiller hätte auch an das Schicksal des berühmten Staats- und Völkerrechtlers Johann Jakob Moser denken können. Moser wurde 1751 von den württembergischen Landständen zu deren „Sprecher" ernannt und geriet alsbald in dieser Position in Gegensatz zum regierenden Fürsten. Deshalb ließ ihn Karl Eugen 1759 – ebenfalls ohne Gerichtsurteil – verhaften und fünf Jahre lang auf der Festung Hohentwiel einsperren.

5. Soldatenverkauf

(siehe II,2)

Geldbeschaffung durch Vermietung von Soldaten und durch Soldatenhandel

Eines der trübsten Kapitel absolutistischer Machtausübung, den Verkauf von „Landeskindern" ins Ausland, fand Schiller auch in der württembergischen Politik vor. An sich war die Vermietung von regulären Truppen – Berufssoldaten – an fremde, Krieg führende Staaten zu der Zeit eine allgemein übliche und anerkannte Praxis. Beim sogenannten „Soldatenhandel" ging es jedoch um etwas anderes: Hier wurden – oft auch von ausländischen Werbern – Bauern-, Handwerker- und Arbeitersöhne mit zum Teil übelsten Methoden (Anwendung von Drohung und Gewalt, Einsatz von Alkohol und

Narkotika) in die fremden Armeen gepresst. Der „Landesvater" erhielt dafür hohe Summen an Kopfgeldern. Zwischen 1775 und 1783 erfolgten vor allem folgende Truppenlieferungen an England: aus Hessen-Kassel 16.992 Mann für 1.223.257 £, aus Braunschweig 5723 Mann für 172.696 £, aus Hessen-Nassau 2422 Mann für 173.174 £.

Diese Praxis wurde in Bezug auf Württemberg von Schubart in seinem „Teutschen Merkur" öffentlich gegeißelt. So schrieb er dort am 28. März 1776:

> „Der Herzog von Württemberg soll 3000 Mann an Engelland überlassen, und dieß soll die Ursache seines gegenwärtigen Aufenthalts in London seyn – !!!"
>
> (*Schubarts Werke in einem Band*, hrsg. von Ursula Wertheim und Hans Böhm, Weimar: Volksverlag, 1959, S. 74)

Entstehungsgeschichte und Erstaufführung

Entstehungs-
geschichte und
Erstaufführung

→ Die Anfänge des Dramas reichen in die Zeit der Flucht aus Württemberg.

→ Im Oktober 1782 schreibt Schiller wesentliche Teile des Stückes, die Ausarbeitung erfolgt im Laufe des Jahres 1783.

→ Im August 1783 entsteht in Mannheim die Bühnenfassung.

→ Die erfolgreiche Uraufführung findet am 13. April 1784 in Frankfurt statt, zwei Tage später wird das Stück in Anwesenheit Schillers in Mannheim gespielt.

Anfänge des
Trauerspiels 1782

Die Anfänge des Trauerspiels „Luise Millerin" reichen zurück in die Zeit der Flucht des Zweiundzwanzigjährigen aus Württemberg. (Schiller schrieb seinerzeit „Louise", die Schreibweise „Luise" kam später auf.) Der junge Dichter entwickelte auf den langen Fußmärschen von Mannheim nach Frankfurt Anfang Oktober 1782 seinem Freund Andreas Streicher im Gespräch die ersten Pläne für das Stück. Mitte Oktober 1782 entstanden im Gasthaus „Viehhof" in Oggersheim (bei Mannheim) die ersten schriftlichen Ausarbeitungen. Obwohl die Umarbeitung des „Fiesko" für die Mannheimer Bühne dringlicher gewesen wäre, war Schiller so besessen von seinem neuen Stück, dass er „schon am ersten Abend" der Ankunft in Oggersheim daranging, die dramatischen Pläne für die „Louise Millerin" zu fertigen; er war

> „so eifrig beschäftigt, alles das niederzuschreiben, was er bis jetzt darüber in Gedanken entworfen hatte, daß er während ganzer acht Tage nur auf Minuten das Zimmer verließ." (Bericht von Andreas Streicher; zit. nach: W. Hoyer, Hrsg., 1967, S. 95)

Rasche
Skizzierung im
Oktober 1782

In der Zeit vom 10. bis etwa 22. Oktober 1782 war das Stück in seinen Hauptzügen niedergeschrieben, doch nicht völlig im Dialog ausgeführt und nicht vollendet. (Es enthielt auf jeden Fall nicht den vierten Akt und vermutlich auch nicht den Schluss; zudem fehlten einige Zwischenglieder.) Die erforderliche Umarbeitung des

„Fiesko" unterbrach die Arbeit an der „Louise Millerin".
Erst im Dezember 1782 machte sich Schiller wieder an
das Trauerspiel. Der siebeneinhalb Monate dauernde
Aufenthalt auf dem Gut der Frau von Wolzogen in Bauerbach bei Meiningen (7. Dezember 1782 – 24. Juli 1783)
war vor allem mit der Arbeit daran ausgefüllt. Schiller
ging mit dem ihm üblichen Eifer an das Werk. Am 29.
Januar 1783 schrieb er „zwischen 11 und 12 Uhr des
Nachts" an Friedrich Wilhelm Hermann Reinwald, einen mit den Wolzogens bekannten Bibliothekar in Meiningen:

Ausarbeitung im Laufe des Jahres 1783

> „Meine ‚Louise Millerin' geht mir im Kopf herum. – Ich bin wirk-
> lich sehr arbeitsam und freue mich, wenn mein Tagwerk voll-
> endet ist."

Im Februar 1783 glaubte er, damit fertig zu sein; er bat
Reinwald um „ein Buch recht gutes Schreibpapier, meine ‚Louise Millerin' darauf abzuschreiben." Aber wie für
die Arbeitsweise des damals Dreiundzwanzigjährigen
üblich, beschäftigte sich Schiller gleichzeitig bereits mit
Plänen für ein neues Stück („Don Carlos"), die ihn nunmehr fesselten als die endgültige Reinschrift der „Louise
Millerin". Im März 1783 kam Nachricht vom Mannheimer Theater in die Bauerbacher Einsamkeit: Intendant
Dalberg wollte das neue Stück für die Bühne. Die wohl
von Dalberg für eine Aufführung geforderten Voraussetzungen und die eigene Beurteilung des Stücks („der Viel-
fältigkeit der Charaktere und der Verwicklung der
Handlung, der vielleicht allzufreien Satire und Verspot-
tung einer vornehmen Narren- und Schurkenart") zwan-
gen den Dichter, sich mit Veränderungen und Erweiterungen des Dramas zu beschäftigen:

Notwendige Veränderungen und Erweiterungen 1783

> „Ich hätte sie endlich gerne aus dem Kopf, um mich gänzlich
> mit meinem ‚Karlos' zu beschäftigen." (Brief an Reinwald vom
> 24. April 1783)

Doch die Bearbeitung machte Mühe („Das ist etwas Ver-
haßtes, schon gemachte Sachen zernichten zu müssen"),
kostete Zeit und Kraft. Was ihn aufhielt, waren vermutlich die erweiterte Rolle der Lady Milford und sicher die
Ausarbeitung des vierten Akts. Am 5. Mai 1783 „jagte"
ihn seine „L. M.' schon um fünf Uhr aus dem Bette":

> „Da sitz ich, spitze Federn, und käue Gedanken. Es ist gewiß und wahrhaftig, daß der Zwang dem Geist alle Flügel abschneidet. So ängstlich für das Theater – so hastig weil ich pressiert bin, und doch ohne Tadel zu schreiben ist eine Kunst. Doch gewinnt meine Millerin das fühl ich."

Und am 14. Juni klagte er:

> „Gott dem Allmächtigen will ich danken, wenn ich fertig bin! Ganze vierzehn Tage ist kaum etwas daran gethan worden, weil ich immer schwankte und meine streitenden Gedanken nicht zu vereinigen wußte."

Endlich, Ende Juli 1783, als er Reinwald seine Reise nach Mannheim anzeigte, konnte er aufatmen:

> „Meine ‚Louise Millerin' nehme ich mit und zeige sie ihm [d.i. Dalberg]."

Das fertige Trauerspiel also im Gepäck kehrte Schiller im August 1783 nach Mannheim zurück und las daraus während einer Gesellschaft beim Mannheimer Theaterintendanten vor. Eine Aufführung wurde geplant. Der mit Schiller gleichaltrige, bereits berühmte Schauspieler August Wilhelm Iffland fand dafür den zugkräftigen Titel „Kabale und Liebe".

Bühnenfassung im August 1783

Wieder waren Veränderungen notwendig, die Bühnenfassung des Stücks entstand, das sogenannte „Mannheimer Soufflierbuch"; vieles war schon von vorneherein durch den jungen Dichter auf Zustände und Personal des Mannheimer Theaters zugeschnitten worden, nun wurde vermutlich noch Weiteres daran angeglichen. In einem Bericht wahrscheinlich von dem Mannheimer Schauspieler Karl Müller können wir über diese Umarbeitung erfahren:

> „Er hatte […] vielen Umgang mit den damaligen Schauspielern der Mannheimer Bühne, dem nachmaligen Hofschauspieler Müller in Wien, mit Iffland, Beck, Böck u.a. Besonders besuchte er oft Müller und brachte dort manchen Abend in der Gesellschaft der oben genannten Schauspieler und der Gattin Müllers zu; wenn die andern sich aber entfernten, forderte er mehrmals noch Wein, Kaffee, Tinte und Papier und schrieb die Nacht hindurch mehrere Szenen zu seiner Tragödie: ‚Kabale und Liebe'. Müller fand ihn dann gewöhnlich des Morgens in seinem Zimmer auf einem Lehnsessel, in einer Art von Starrkrampf, so daß er ihn einmal wirklich für tot hielt. Die Gattin

des Schauspielers Beck fragte ihn einst: ob ihm nicht die Gedanken ausgingen, wenn er so die Nacht dichte? – ‚Das ischt nit anders‘, antwortete Schiller, der damals noch ganz den breiten schwäbischen Dialekt sprach; ‚aber schauns, wenn die Gedanken ausgehn, da mal ich Rössel.‘" (Zit. nach: W. Hoyer, Hrsg., 1967, S. 135 f.)

Und die Tochter des Buchhändlers Schwan berichtete über diese Phase:

„Schiller [schrieb] die Rolle der Luise ganz nach ihr, dieser Caroline [der Braut des Schauspielers Beck], und für sie. Er kopierte sie eigentlich samt ihren Vergißmeinnichtaugen, – sowie auch der Musikus Miller eine frappante Kopie von Beil war, weshalb dieser auch die Rolle so vorzüglich spielte, da er eigentlich zu diesem Charakter gesessen war. Schiller hatte damals das dreitägige Fieber, kam aber immer zwei Abende dazwischen zu meinem Vater und las ihm vor, was wieder entstanden war, oder ließ es meine Schwester vorlesen; den dritten Abend, wo das Fieber kam, schickte er die Aushängebogen, auch nicht selten bekam er das Fieber bei uns. Du kannst Dir denken, wie interessant es war, ‚Kabale und Liebe‘ so nach und nach entstehen zu sehen; aber mein Vater bekam oft Händel mit Schiller, und nannte ihn einen Schinder, einen Folterknecht usw." (Zit. nach: W. Hoyer, Hrsg., 1967, S. 143)

Am 13. April 1784 fand die Uraufführung von „Kabale und Liebe" in Frankfurt am Main statt; im Mannheimer Nationaltheater wurde das Stück zwei Tage später, am 15. April, zum ersten Mal mit großem Erfolg gespielt. Schiller war bei der Mannheimer Erstaufführung anwesend. Andreas Streicher berichtete darüber:

Großer Erfolg der Uraufführung 1784

„Um der Aufführung recht ungestört beiwohnen zu können, hatte Schiller auf eine Loge bestanden und seinen Freund S. zu sich dahin eingeladen.
Ruhig, heiter, aber in sich gekehrt und nur wenige Worte wechselnd, erwartete er das Aufrauschen des Vorhanges. Aber als nun die Handlung begann – wer vermöchte den tiefen erwartenden Blick, das Spiel der unteren gegen die Oberlippe, das Zusammenziehen der Augenbrauen, wenn etwas nicht nach Wunsch gesprochen wurde, den Blitz der Augen, wenn auf Wirkung berechnete Stellen diese auch hervorbrachten, wer könnte dies beschreiben! Während des ganzen ersten Aufzuges entschlüpfte ihm kein Wort, und nur bei dem Schlusse desselben wurde ein ‚Es geht gut‘ gehört.
Der zweite Akt wurde sehr lebhaft und vorzüglich der Schluß desselben mit so vielem Feuer und ergreifender Wahrheit dar-

gestellt, daß, nachdem der Vorhang schon niedergelassen war, alle Zuschauer auf eine damals ganz ungewöhnliche Weise sich erhoben und in stürmisches einmütiges Beifallrufen und Klatschen ausbrachen." (Zit. nach: W. Hoyer, Hrsg., 1967, S. 146 f.)

Drucklegung des Stücks

Kurze Zeit darauf erschien das Stück im Druck beim Buchhändler und Verleger Christian Friedrich Schwan mit dem Titel:

Kabale und Liebe, ein bürgerliches Trauerspiel in fünf Aufzügen von Fridrich Schiller. Mannheim, in der Schwanischen Hofbuchhandlung. 1784.

Kabale und Liebe, ein bürgerliches Trauerspiel in fünf Aufzügen von Fridrich Schiller. Frankfurt und Leipzig. 1784.

Die Person
Friedrich Schiller

> ⇒ Als Sohn eines Wundarztes und späteren Offiziers kommt Schiller mit 13 Jahren auf die „Herzogliche Militär-Akademie". Schiller besteht sein Examen als Arzt. Als Regimentsmedikus erhält er ein festes, aber kärgliches Gehalt.
> ⇒ „Die Räuber" lässt Schiller auf eigene Kosten drucken. Besuche in Mannheim ohne dienstliche Erlaubnis führen zu 14 Tagen Arrest und zur Flucht am 22. September 1782.
> ⇒ Schiller schreibt „Kabale und Liebe" nach seiner Flucht aus Württemberg in Thüringen. Nur mit dem Bibliothekar Reinwald kann er sich fruchtbar austauschen. Immer problematischer wird seine finanzielle Lage.
> ⇒ Schiller sprach und schrieb schwäbisch.

Die Person Friedrich Schiller

Situation zur Zeit der Entstehung von „Kabale und Liebe"

Schiller schrieb sein drittes Schauspiel in den Jahren 1782/83. Die Hauptarbeit daran wurde im Asyl in Thüringen geleistet, wo der 23-Jährige nach seiner Flucht aus Württemberg vom Dezember 1782 bis zum Juli 1783 einen vorläufigen Unterschlupf auf dem Gutshof der in Stuttgart lebenden Frau von Wolzogen gefunden hatte. Dieser Gutshof war ein besserer Bauernhof und das Dorf Bauerbach ein abgelegenes Nest. Der junge schwäbische Dichter war dort in eine fremde Umgebung gestellt, ohne Freunde, ohne die Möglichkeit, in freundschaftlichem Gespräch mit Gleichgesinnten und Gleichaltrigen Gedanken austauschen zu können. Der einzig wirklich fruchtbare Kontakt in jener Zeit ergab sich aus dem Briefwechsel mit dem 22 Jahre älteren Bibliothekar Friedrich Wilhelm Hermann Reinwald, der im benachbarten Städtchen Meiningen wohnte. Einige Mitteilungen Schillers an Reinwald sollen die Situation zeigen, in der sich der Autor damals befand.

Aufenthalt in Thüringen Dezember 1782– Juli 1783

Fremde Umgebung

Kontakte mit Bibliothekar Reinwald

Bauerbach, 9.12.1782
„Zu meiner itzigen Einsamkeit in einem fremden Lande bedurfte ich eines edelmütigen Freunds. Darf ich mich

Schillers Situation in Bauerbach

mit der schmeichelhaften Hoffnung wiegen, daß Sie es
mir sein werden? Sie waren so gütig meiner Bitte zuvor-
zukommen, und mir in meinen literarischen Bedürf-
nißen Vorschub zu versprechen. Ich bin also so frei
Ihnen ohngefähr diejenige Schriften zu merken, die mir
zuerst eingefallen, und meinem gegenwärtigen Wunsch
am nächsten liegen. Sie sind: Leßings kritische Schriften, also ohngefähr *Dramaturgie, Theaterbibliothek, Beiträge
zur Literatur, Laokoon* [...].
Noch eine Bitte erlaube ich mir an Sie. Weil ich gern
unerkannt bleiben möchte, so würde ich Sie ersuchen,
mir zu erlauben, daß ich die Briefe die an mich einlau-
fen an Sie adressieren lassen kann, unter den festgesetzten Bedingungen, daß Sie sich in die Unkosten die dabei
notwendig sind, nicht mischen."

23. 12. 1782
„Wenn ich Ihre Freundschaft nicht mißbrauche, so haben Sie doch die Güte ein Pfund guten Schnupftobak für
einen armen schmachtenden Freund zu besorgen."

14. 2. 1783
„Zum Vierten (Lachen Sie mich nicht aus) schenken Sie
mir doch etwas Dinte. [...]
Zum Sechsten ein Buch recht gutes Schreibpapier, meine *Louise Millerin* darauf abzuschreiben. Das holländische
stumpft mir die Federn so ab."

März 1783
„Ihr vorgestriger Besuch hat eine ganz herrliche Wirkung auf mich gehabt. Ich fühle mich doppelt wieder,
und wärmeres Leben ergießt sich durch alle meine Ner-
ven. Meine Lage in dieser Einsamkeit hat meiner Seele
das Schicksal eines stehenden Wassers zugezogen, das
in Fäulung ginge, wenn es nicht je und je in eine kleine
Wallung gebracht würde."

Bauerbach, 12. 4. 1783
„Ich habe, seitdem ich von Haus weg bin, stets den Fall
vermieden Geld von Haus zu verlangen, und immer von
meinen Revenüen gelebt. Weil mir aber der Plan mit
meiner *Louise Millerin* fehlschlug und außerdem einige

Einnahmen auf die ich zählte, ausblieben (z. E. einige Caroline die mir Schwan wegen *Fiesko* noch zu bezahlen hat, und der Wert einer Uhr die ich einem Landsmann in Mannheim zurückgelassen) so ist es gekommen daß sich meine Börse erschöpft hat. Es ist aber mein Fehler, daß ich nicht zur Vorsorge früher nach Haus schrieb."

Damit sind die Hauptprobleme Schillers zu jener Zeit genannt: Losgerissen von seinen Freunden befand er sich in steter Furcht, ob man ihn nicht von Württemberg aus verfolgte (so lebte er unter falschem Namen und fingierte in seinen Briefen oft die Ortsangaben, um Nachforschungen nach seinem Aufenthalt zu erschweren). Die Heimatlosigkeit belastete den jungen Mann. Drückender aber war seine finanzielle Lage. Ohne eigene Einkünfte und Vermögen war er auf Unterstützung durch andere angewiesen. Doch nicht genug an seiner Mittellosigkeit, Schiller hatte beträchtliche Schulden:

Schillers Hauptprobleme

Schillers Mittellosigkeit

„Machen wir einmal die Schuldenrechnung auf:

Die Grundlage des Schuldenbergs bildet das Darlehen in Höhe von 150 Gulden für die Druckkosten der *Räuber*; das war im März 1781. Ein Jahr darauf mußte er einen Betrag von ähnlicher Höhe leihen, um seine *Anthologie auf das Jahr 1782* drucken zu lassen. Diese Schulden hingen ihm an, als er aus Württemberg floh.

Die nächsten Schulden erwachsen ihm in Bauerbach. Zwar wohnte er im Wolzogenschen Haus als Gast, das Kostgeld jedoch – er bezog seine Mahlzeiten aus dem Wirtshaus – und die unvermeidbaren kleinen Ausgaben wurden ihm von der Gutsherrin vorgestreckt. Weltrich berechnet diese Ausgaben mit 540 Gulden, was mir zu hoch erscheint, denn das wären fast 70 Gulden monatlich. Mag diese Schuld also bedeutend niedriger und die Dringlichkeit durch Freundschaft gemildert gewesen sein, sie zählte auch. Eine schwere Last lud er sich aber auf die Schultern, als er vor der Abreise aus Bauerbach bei Israel ein Darlehen von wahrscheinlich fast 600 Gulden aufnahm – das doppelte der alten Stuttgarter Schulden! Frau von Wolzogen übernahm die Bürgschaft, und das war kein halbverbindliches Geschäft unter Freunden mehr.

Selbst wenn man das, was Schiller der mütterlichen Freundin direkt schuldig geblieben war, sehr niedrig ansetzt, war seine Schuldenlast, als er nach Mannheim zurückkehrte, auf mindestens tausend Gulden angewachsen. Das war mehr als das dreifache des Gehalts, das ihm dann als Theaterdichter zugestan-

den wurde. Wie wollte er da an Schuldentilgung denken?"
(P. Lahnstein, 1981, S. 172 f.)

Aufenthalt
in Mannheim
August 1783

Im August 1783 fuhr Schiller von Bauerbach ab nach Mannheim, wo er sich mit seinem neuen Drama einen ähnlich großen Erfolg im Nationaltheater erhoffte wie bei der Aufführung der „Räuber". Daneben winkte eine feste Anstellung als Theaterdichter, die ihm der Mannheimer Intendant von Dalberg offeriert hatte. Schillers Aufenthalt in Mannheim dauerte eindreiviertel Jahre (von August 1783 bis April 1785). Die Stellung als Theaterdichter brachte ihm wohl ein regelmäßiges Einkommen, das aber gerade für den Lebensunterhalt reichte, jedoch nicht für die Rückzahlung der Schulden. Mit der Theaterposition war die Verpflichtung verbunden, ein neues Stück für die Bühne zu liefern. Schiller konnte dieser Auflage in der festgesetzten Zeit nicht nachkommen; „Don Carlos" wurde nicht rechtzeitig fertig und der Vertrag als Theaterdichter nicht verlängert. So verließ Schiller Mannheim im April 1785 als durchaus bekannter Schriftsteller, aber mittellos, wie er gekommen war.

Die Mannheimer Zeit hatte für Schiller positive Erlebnisse gebracht (den geselligen Kreis mit den Schauspielern des Nationaltheaters, den Erfolg bei der Aufführung von „Kabale und Liebe"), aber auch negative Erfahrungen (die Schwierigkeiten mit dem Theaterintendanten und – vor allem – die ernsthafte Erkrankung, von der er sich nur schwer erholte und die vermutlich bleibende Schäden hinterließ).

Schillers Jugendjahre

Rückblick auf
Schillers Leben
während der
Jahre 1759–82

Die Momentaufnahme aus den Entstehungsjahren von „Kabale und Liebe" soll im Folgenden durch einen kurzen Rückgriff auf Schillers Leben ergänzt werden.

Am 10. November 1759 wurde Friedrich Schiller als zweites Kind der Dorothea Schiller, geb. Kodweiß, und des Wundarztes und späteren Offiziers Johann Kaspar

Eintritt in die
Militärakademie

Schiller in Marbach am Neckar geboren. Im Alter von 13 Jahren kommt er am 16. Januar 1773 als „Eleve" auf die

„Herzogliche Militär-Akademie" auf die Solitude bei Stuttgart. Dort erhält er Unterricht in den Fächern Deutsch, Literatur, Latein, Griechisch, Französisch, Geschichte, Geographie, Mathematik, Naturkunde, Religion und Philosophie, aber auch im Fechten, Reiten und Tanzen. Sein Fachstudium ist Jura, seit 1775 – die Akademie ist nach Stuttgart umgezogen und heißt nun „Hohe-Karls-Schule" – Medizin.

Am 14. Dezember 1780 besteht Schiller sein Examen als Arzt und verlässt die „Hohe-Karls-Schule". Nebenher hatte er heimlich sein erstes Schauspiel, „Die Räuber", geschrieben. Er erhält nun eine Anstellung als „Regimentsmedikus" beim Invaliden-Regiment Augé in Stuttgart, bleibt also in quasi herzoglich-militärischen Diensten. Trotz des kärglichen Gehalts von 18 Gulden im Monat genießt er seine Freiheit und führt zusammen mit Freunden ein „wildes Leben".

Erstes Schauspiel: „Die Räuber"

Schiller gibt im Frühjahr 1781 „Die Räuber" auf eigene Kosten im Selbstverlag anonym heraus, was ihm eine hohe Verschuldung einbringt. Am 13. Januar 1782 findet die Uraufführung des Stücks in Mannheim statt. Im Februar veröffentlicht Schiller seine erste Gedichtsammlung, „Anthologie auf das Jahr 1782", ebenfalls anonym und ebenfalls auf eigene Kosten.

Ein zweiter Besuch in Mannheim, ohne dienstliche Erlaubnis, bringt ihm 14 Tage Arrest ein und ein Schreibverbot (außer für medizinische Fachliteratur). Am 22. September 1782 flieht Schiller zusammen mit seinem Freund Andreas Streicher aus Stuttgart nach Mannheim, ins kurpfälzische Ausland. Im Oktober – aus Sorge um Verfolgung und mögliche Verhaftung – wandern die Freunde nach Frankfurt und kehren unter falschem Namen in die Nähe Mannheims, in das Dorf Oggersheim, zurück. Dort leben sie bescheiden von der Reisekasse Streichers, die dieser erhalten hatte, um nach Hamburg zu reisen und dort ein Musikstudium zu beginnen. Am 30. November 1782 nimmt Schiller das Angebot der Frau von Wolzogen an, ihn auf ihrem Gut in Bauerbach unterzubringen.

Flucht nach Mannheim

Die entscheidende Prägung erhielt der junge Schiller auf der Militär-Akademie, die er vom 14. bis zum 21. Lebensjahr besuchte, auf der er also die wichtigsten Ent-

Prägung durch die Karlsschule und den strengen Drill

wicklungsjahre verbrachte. Deshalb ist auch in der Schillerforschung stets ein großes Gewicht auf die Jahre in der „Hohen-Karls-Schule" gelegt worden. Auf der einen Seite wird die militärische Ausrichtung der Erziehung auf der Akademie betont, die äußerst strenge Disziplin, der die Schüler dort unterworfen wurden, das sprunghafte persönliche Eingreifen des Herzogs in die Erziehungsarbeit der Schule nach eigenen pädagogischen Vorstellungen. Die negative Beeinflussung der Entwicklung der Schüler wird hervorgehoben, zumal auf einen empfindsamen und zugleich freiheitsliebenden, oft rebellierenden Jugendlichen wie Friedrich Schiller. Weitgehend isoliert von der Außenwelt entstand unter den jungen Menschen als Gegengewicht zu der strengen Ordnung der Anstalt ein besonders stark ausgeprägter Freundschaftskult mit eigenem Ehrenkodex, der teilweise pubertär abenteuerliche Züge trug. In heimlichen Zusammenkünften im Freundeskreis schwur man sich ewige Treue, verfluchte das Missgeschick, in einer so kleinlichen und korrupten Zeit leben zu müssen, beschwor die angeblich so großen Heldenzeiten der Antike. Aber die jungen Leute diskutierten auch über ihre Lektüre, zumal über die neue Literatur des „Sturm und Drang", und lasen sich gegenseitig ihre eigenen schriftstellerischen Erzeugnisse vor.

Isoliertheit von der Außenwelt

Leseerfahrungen

Die Beschäftigung mit politischen und geistigen Strömungen der Zeit und mit der neuen Literatur und Philosophie musste aber auf der Akademie keineswegs nur heimlich geschehen. Dies ist die andere Seite: Aufgeschlossene Lehrer versorgten die Schüler mit entsprechender Lektüre, und zumal Friedrich Abel, ein Lehrer, dem Schiller viel verdankte, machte die jungen Leute mit den neuen Büchern bekannt; die Ideen der Aufklärung fanden durchaus Eingang in die Akademie. Lessing und Rousseau vor allem beeinflussten Schiller damals nachhaltig. Er hatte Shakespeare und Klopstock gelesen und die neuen „Sterne" am Literaturhimmel, auch den jungen Goethe.

Für den 23-jährigen Schiller, der an die Arbeit von „Kabale und Liebe" geht, kann man feststellen: Beschränkt auf die Welt der Akademie, angewiesen auf den Umgang mit Mitschülern, Offizieren und Lehrern konnte der junge Mann so gut wie keine Erfahrung über das Leben außerhalb dieser engen Welt sammeln. Auf der anderen Seite ist es Schillers besondere Begabung, aus theoretischem Wissen Leben entstehen zu lassen. Dieses allerdings trägt den typischen Schiller'schen Duktus; die dargestellten Menschen und ihr Handeln stimmen nicht immer mit der oft banalen, aber farbenreichen Wirklichkeit überein; das Ideale dominiert, nicht das Realistische.

Ideen statt Anschauung der wirklichen Welt

Noch der „Klassiker" Schiller stellte fest, dass er „aus einem kleinen Vorrat an Erfahrungen" sich durch „Ideen" eine Welt baue. Dieser Vorgang prägt auch die Menschen und die Welt in seinem Jugendwerk „Kabale und Liebe".

Schiller als schwäbischer Dichter

Wenn jemand Schoße reimt auf Rose;
Auf Menschen wünschen; und in Prose
Und Versen schillert; Freund wißt,
Daß seine Heimat Schwaben ist.

Diese Verse des Romantikers August Wilhelm Schlegel (zit. nach: Karl Balser, Hrsg., *Dichtung der Romantik*, Bd. 9, Hamburg: Standard-Verlag, o.J., S. 330) treffen auf das Werk Schillers allgemein zu; auf das Jugenddrama „Kabale und Liebe" jedoch im besonderen Maße. Das ist leicht verständlich; denn Schiller sprach sein Leben lang seinen Heimatdialekt, und zur Zeit der Entstehung des Dramas waren erst wenige Jahre vergangen seit seiner Flucht aus Stuttgart. Die Jenenser Studenten, die – viel später – den Ausführungen ihres Geschichtsprofessors Schiller folgen wollten, hatten die größten Schwierigkeiten mit dessen Aussprache. Der Schriftsteller Jens Baggesen, der unter Schillers Zuhörern an der Universität Jena war, schrieb offen, dieser habe seine Vorlesungen in einem „unausstehlichen Dialekt" gehalten. Doch auch in Schillers schriftlichen Zeugnissen findet sich die ungebrochene Kraft des Schwäbischen. So lesen wir in seinen Briefen immer wieder „wirklich" statt ‚jetzt', „wüst" statt ‚hässlich', „laufen" statt ‚gehen', ja sogar „gerner" statt ‚lieber'.

Derartige schwäbische Ausdrücke lassen sich auch in seinen dichterischen Werken leicht ausmachen. Die *Erfurter Gelehrte Zeitung* tadelte in den „Räubern" den Gebrauch von anderwärts unverständlichen „Provinzialwörtern". Und selbst im Falle scheinbar schriftdeutscher Ausdrücke müssen wir bei Schiller vorsichtig sein; ein Beispiel aus dem Gedicht „Die Glocke": „Ziehet, ziehet, hebt!"; „hebt" ist hier – wie im Schwäbischen üblich – gemeint im Sinne von ‚haltet fest!', nicht ‚hebt hoch!'. Dabei war Schiller ein erklärter Gegner der Dichtung im Dialekt. Die schwäbischen Ausdrücke und Redewendungen sind ihm gleichsam unbewusst unterlaufen. So verbunden war er mit seinem Heimatdialekt, dass er viele Eigenschaften desselben gar nicht als solche erkannte. An Wilhelm von Humboldt, der ihm ein Gedicht korrigiert mit Anmerkungen zurückschickte, schrieb er:

> „Warum streichen Sie den Reim zwischen Sklave und schlafe, Nerve und unterwerfe? Ich kenne in der Aussprache keine Verschiedenheit."

Dialektwendungen in „Kabale und Liebe"

Kein Wunder also, dass manche Stellen in „Kabale und Liebe" eigentlich nur von Schwäbisch sprechenden Zuhörern oder Lesern genossen werden können. Die Dialektwendungen häufen sich zu Anfang des Stücks. Geradezu ein Musterbeispiel liefert die Frau des Musikers Miller in der ersten Szene, in der sie zu ihrem Mann sagt:

> „Solltest nur die wunderhübsche Billetter auch lesen, die der gnädige Herr an deine Tochter als schreiben tut."

Eine ‚Übersetzung' ins Schriftdeutsche öffnet leicht den Blick auf die Besonderheiten dieses Ausspruchs: „Du solltest eben die wunderhübschen Briefchen auch lesen, die der gnädige Herr an deine Tochter immer schreibt." Wortgebrauch („als" statt ‚immer, gewöhnlich'), grammatische Eigenheiten (der Akkusativ Plural „wunderhübsche" sowie die Pluralbildung „Billetter") und Syntax („schreiben tut") würden die Sprecherin als waschechte Schwäbin ausweisen, wenn nicht der Autor selber einer gewesen wäre. Durch das ganze Stück ziehen sich die Konjugationsformen, bei denen der Endvokal verschluckt wird („hab", „komm", „spring" usw.), eine typisch schwäbische Eigenart. Auch der häufige Gebrauch aus dem Französischen übernommener Wörter, meist in den jeweiligen Dialekt transponiert, ist weit verbreitet im süddeutschen Sprachraum (vgl. etwa „Billeter", „Präsenter" oder „Bläser"); das markanteste Beispiel im Stück ist der „Kidebarri", von dem Miller spricht (V,5), eigentlich der ‚Cul de Paris'. Hier ist erkennbar, was die einfachen Leute in ihrem Dialekt aus dem französischen Wort machten: Da die Aufnahme des Fremdworts nur akustisch erfolgte, ahmte man die fremden Laute so nach, wie man sie eben verstand. Aus dem französischen ‚Cul de Paris' wurde so der schwäbische „Kidebarri".

Dieses Wort ist dem einfachen Musiker vom Autor natürlich bewusst in den Mund gelegt worden. Ob das aber an allen Stellen des Stücks, in denen das Schwäbische durchdringt, so geschah, ist fraglich. Freilich lässt der Autor das Ehepaar Miller gehäuft Suevizismen verwenden, doch sagt auch Lady Milford, gewiss keine Schwäbin, „springen" statt ‚laufen'. Und Schwäbisches findet sich auch in den Regiebemerkungen Schillers: Die Lady muss sich in II,1 „in den Sofa" fallen lassen.

Und schließlich: Wie die Millerin das Erscheinen Ferdinands im ersten Akt ankündigt, hat sogar einen Gelehrtenstreit ausgelöst, der durch den Schwaben Gerhard Storz wohl richtig entschieden wurde. Die Millerin ruft: „Er springt über die Planke."(I,3) Storz schreibt dazu:

> „Der Ausruf [...] wird nur dann verständlich, wenn man die heute noch lebendige Benennung für eine der Mannheimer Hauptstraßen ‚Die Planken' zugrunde legt: Die Millerin steht am Fenster und sieht Ferdinand über die Straße laufen (‚springt' ein Suevizismus für ‚laufen, rennen')." (G. Storz, 1963, S. 111, Fußnote 15)

Literaturhinweise

Werke

Schiller, Friedrich: Werke. Bd. 13. Hrsg. von Ludwig Bellermann. Leipzig/Wien: Bibliographisches Institut, o.J.

Schillers Briefe. Bd. 1. Hrsg. von den Nationalen Forschungs- und Gedenkstätten der klassischen deutschen Literatur Weimar. Berlin/Weimar: Aufbau-Verlag, 1968.

Sekundärliteratur

Zu „Kabale und Liebe"

Binder, Wolfgang: Schiller, „Kabale und Liebe". In: Das deutsche Drama. Vom Barock bis zur Gegenwart. Interpretationen. Bd. 1. Hrsg. von Benno von Wiese. Düsseldorf: Bagel, 1964. S. 250–270.

Guthke, Karl S.: „Kabale und Liebe". In: Walter Hinderer: Schillers Dramen. Neue Interpretationen. Stuttgart: Reclam, 21983. S. 58–86. (Reclams Universal-Bibliothek Nr. 8807.)

Herrmann, Hans Peter und Martina: Friedrich Schiller, „Kabale und Liebe". Frankfurt a.M.: Diesterweg, 1997.

Martini, Fritz: Schillers „Kabale und Liebe". Bemerkungen zur Interpretation des Bürgerlichen Trauerspiels. In: Der Deutschunterricht 4 (1952) Heft 5. S. 18–39.

Roßbach, Nikola: „Das Geweb ist satanisch fein". Friedrich Schillers „Kabale und Liebe" als Text der Gewalt. Würzburg: Königshausen & Neumann, 2001.

Schafarschik, Walter: Erläuterungen und Dokumente: Friedrich Schiller, „Kabale und Liebe". Stuttgart: Reclam, 1980. (Reclams Universal-Bibliothek Nr. 8149.)

Zu Friedrich Schiller

Alt, Peter Andre: Schiller. Leben – Werk – Zeit. Eine Biographie. 2 Bde. München: C. H. Beck, 2000.

Beck, Adolf: Die Krisis des Menschen im Drama des jungen Schiller. In: Euphorion 49 (1955). S. 163–202.

Burschell, Friedrich: Friedrich Schiller in Selbstzeugnissen und Bilddokumenten. Reinbek bei Hamburg: Rowohlt, 1958. 281994. (Rowohlts Monographien Nr. 14.)

Damm, Sigrid: Das Leben des Friedrich Schiller. Eine Wanderung. Frankfurt a. M./Leipzig: Insel, 2004.

Hinderer, Walter: Freiheit und Gesellschaft beim jungen Schiller. In: W. H. (Hrsg.): Sturm und Drang. Frankfurt a. M.: Athenäum, 1989. S. 230–256.

Hoyer, Walter (Hrsg.): Schillers Leben dokumentarisch in Briefen, zeitgenössischen Berichten und Bildern. Frankfurt a. M./Wien/Zürich: Büchergilde Gutenberg, 1967.

Lahnstein, Peter: Schillers Leben. München: List, 1981/Frankfurt a. M.: Fischer Taschenbuch Verlag, 1984.

Oellers, Norbert: Schiller. Elend der Geschichte, Glanz der Kunst. Stuttgart: Reclam, 2005. (Reclams Universal-Bibliothek Nr. 10565.)

Safranski, Rüdiger: Schiller oder Die Erfindung des deutschen Idealismus. München/Wien: Hanser, 2004.

Storz, Gerhard: Der Dichter Friedrich Schiller. Um einen Anhang erw. Aufl. Stuttgart: Klett, 1963.

Wiese, Benno von: Friedrich Schiller. Stuttgart: Metzler, 1978.

Zeller, Bernhard: Friedrich Schiller. Leben und Werk in Daten und Bildern. Frankfurt a. M: Insel, 1977.

Zeller, Bernhard/Scheffler, Walter: Friedrich Schiller. Eine Dokumentation in Bildern. Marbach a. N.: Schiller Nationalmuseum, 1984.

Zur Epoche der Klassik und des „Sturm und Drang"

Herold, Theo / Wittenberg, Hildegard: Aufklärung. Sturm und Drang. Stuttgart: Klett, 1983. (Geschichte der deutschen Literatur Bd. 1.)

Hinderer, Walter (Hrsg.): Sturm und Drang. Frankfurt a. M.: Athenäum, 1989.

Kaiser, Gerhard. Aufklärung, Empfindsamkeit, Sturm und Drang. München: Francke, 1979. (Geschichte der deutschen Literatur Bd. 3.)

Klassik. Erläuterungen zur Deutschen Literatur. Hrsg. vom Kollektiv für Literaturgeschichte im Volkseigenen Verlag Volk und Wissen. Berlin 1978. [Zit. als: Klassik.]

Prüfungsaufgaben und Lösungen

I IV,3 Textinterpretation

Textstelle: IV,3

Aufgabenstellung

1. Erklären Sie einem uneingeweihten Leser, in welcher Situation es zu dieser Szene kommt.

2. Welche sprachlichen und gestischen Mittel setzt Schiller ein, um einerseits die beiden Kontrahenten und andererseits die Ausweglosigkeit der Lage für die beiden Liebenden zu charakterisieren?

Lösungsvorschläge

Zu 1

Baron Ferdinand, Major und Sohn des Präsidenten, und Luise, die Tochter des Geigers Miller, lieben sich. Aber die Standesschranken stehen zwischen ihnen, nicht nur in der realen Form, dass eine Heirat zwischen einem Adligen und einer kleinen Bürgerlichen undenkbar ist, worauf beide Väter pochen, sondern auch auf der Ebene der Werte.

Für das Verständnis der vorliegenden Szene unverzichtbar sind:

– die Pläne des Präsidenten: Ferdinand soll Lady Milford heiraten;
– Ferdinands Pläne: Flucht mit Luise;
– Wurms Intrige: Miller wird verhaftet und Luise gezwungen, um das Leben ihres Vaters zu retten, einen „Liebesbrief" an den ihr unbekannten Hofmarschall zu schreiben; dieser Brief wird Ferdinand zugespielt und soll die Liebenden entzweien;
– Luises ausweglose Lage zwischen Vaterliebe und Liebe zu Ferdinand.

Zu 2

In der vorliegenden Szene begegnen sich ein bis zur Raserei aufgebrachter Ferdinand (Grund: der „Liebesbrief" und seine Verzweiflung, von Luise so hintergangen worden zu sein; vgl. IV,2) und ein anfangs ahnungsloser Hofmarschall. Charakterisierung der Kontrahenten:

– Der Hofmarschall wurde als Witzfigur eingeführt und verhält sich hier entsprechend lächerlich bis unwürdig. Schon die Regieanweisungen machen das klar: Er *trippelt, will sich davonmachen, ist bestürzt, wischt sich die Stirn, seufzt.* Seine Versuche, sich vor dem Duell zu drücken und Ferdinand zu beschwichtigen (Textbelege: „Sie werden vernünftig sein", „Und wollen Sie ihr kostbares Leben so aussetzen", „Was Sie befehlen [...], nur die Pistolen weg!"), bringen eine Komik in die Szene, die Ferdinands existenzielle Verzweiflung fast unerträglich macht.

– Ferdinand hat die deutlich größeren Sprechanteile, wobei er nur sporadisch auf die Äußerungen des Hofmarschalls reagiert. Überwiegend handelt es sich bei seinen Äußerungen um eine Art inneren Monologs. Seine völlig außer Kontrolle geratene Gemütsverfassung wird durch die Regieanweisungen unterstrichen: *Er dringt dem Hofmarschall die Pistole auf, rennt zur Tür und verriegelt sie, wird immer wütender, schüttelt den Hofmarschall unsanft, drückt ihm die Pistole aufs Herz, spricht immer grimmiger, stößt den Hofmarschall aus dem Zimmer.*

– Die Ausweglosigkeit der Lage wird durch nichts deutlicher als durch die hoffnungslosen Versuche des Hofmarschalls, Ferdinand über die Kabale aufzuklären. Ferdinand hat nicht nur (ohne überhaupt daran zu zweifeln) geglaubt, dass Luise ihn betrogen haben könnte, er ist nun auch nicht in der Lage, anderslautende Hinweise überhaupt aufzunehmen. Seine Emotionalität, verknüpft mit einer fast autistischen Sicherheit, im Recht zu sein, wird den Liebenden zum Verhängnis.

II II,5 Textinterpretation

Textstelle: II,5

Aufgabenstellung

1. Beschreiben Sie die Handlung des Dramas, die zu der Situation in der Szene II,5 führt.
2. Analysieren Sie diese Szene.

Lösungsvorschläge

Zu 1

Der Präsident von Walter will seinen Sohn Ferdinand mit der abgedankten Mätresse des Fürsten, Lady Milford, verheiraten, um dadurch für sich und für seinen Sohn Vorteile zu erzielen. Dieses Vorhaben wird durch die Liebe Ferdinands zu der Bürgerstochter Luise Miller gefährdet. Ferdinand stellt sich gegen den Plan seines Vaters und lehnt eine Verbindung mit der Lady ab. Der Präsident sieht sich also gezwungen, dieses Liebesverhältnis seines Sohnes zu beenden, und ist bereit, dies mit allen ihm zur Verfügung stehenden Mitteln zu erreichen.

Der Vater Luises, der Stadtmusikant Miller, weiß über die Unmöglichkeit einer ernsthaften Verbindung seiner Tochter mit dem adligen Offizier (unüberwindbare Standesschranken); er befürchtet Aktionen des mächtigen Präsidenten.

Zu 2

In II,5 werden die existenzielle Angst der bürgerlichen Familie vor dem Präsidenten und die realitätsferne Haltung Ferdinands deutlich, der sich und seine Liebe absolut setzt.

Der bedrohliche Schatten des Präsidenten fällt auf die gesamte Szene:

- „War mein Vater da?" – Diese Worte Ferdinands eröffnen das rasante Geschehen (*F. stürzt erschrocken und außer Atem ins Zimmer, Luise fährt mit Schrecken auf, Frau schlägt die Hände zusammen, Miller lacht voller Bosheit*).
- Ferdinand *eilt schnell fort und rennt – gegen den Präsidenten*; so effektvoll endet die Szene.

Die eröffnende Frage Ferdinands löst ein Missverständnis aus, das den weiteren Verlauf der Handlung bestimmt:

- Ferdinand will erfahren, ob sein Vater die Millers über die beabsichtigte Heirat mit Lady Milford in Kenntnis gesetzt hat, und seine Absage an die Lady erklären („Als Sieger komm ich").

- Die Millers fürchten sich vor der Macht des Präsidenten, die die bürgerliche Familie in ihrer Existenz bedrohen kann („Es ist aus mit uns!").

So sprechen die Beteiligten aneinander vorbei:

- Ferdinand schwingt sich in die Sphäre des Absoluten („Ich will sie führen, vor des Weltrichters Thron, und ob meine [nicht: unsere!] Liebe Verbrechen ist, soll der Ewige sagen", „dass diese Insektenseelen am Riesenwerk meiner [nicht: unserer!] Liebe hinaufschwindeln". *Er will fort, er eilt schnell fort,* um entschlossen eine große, aber ungewisse Tat zu tun.
- Luise bleibt allein gelassen, ist das Opfer: „in dieser bangen Stunde verlässt er uns", „mir wird bange".

In der sprachlichen Gestaltung spiegelt sich die unterschiedliche Situation der Personen wider. Beispiele:

- Das pathetische und ich-bezogene Vokabular Ferdinands: „des Himmels Donner", „des Weltrichters Thron", „als Sieger aus dem gefährlichsten Kampf", „durchreißen will ich die eiserne Kette des Vorurteils", „der Faden zwischen *mir* und der *Schöpfung*".
- Die verzweifelten Äußerungen der Millers: „Er wird uns misshandeln", „Es ist aus mit uns!", „Mein Tod ist gewiss!"

III V,1 Textanalyse mit weiterführendem Schreibauftrag

Textstelle: V,1

Aufgabenstellung

1. Erklären Sie einem uneingeweihten Leser, in welcher Situation das Gespräch zwischen Vater und Tochter stattfindet.
2. Interpretieren Sie die Szene.
3. Stellen Sie dabei dar, worum es in der Auseinandersetzung zwischen Miller und Luise geht, und beziehen Sie deren Sprache und Gestik in Ihre Überlegungen mit ein.
4. Vergleichen Sie die beiden Vaterfiguren im Drama.

Lösungsvorschläge

Zu 1

Miller ist Geiger, Luise seine Tochter. Sie hat sich in Ferdinand, den Sohn des Präsidenten, verliebt, was hektische Reaktionen des Präsidenten auslöst, mit dem Ziel, die beiden zu trennen. Eine dieser Bemühungen führt zur Verhaftung Millers, eine andere zu dem erzwungenen Brief, den Luise an ihren angeblichen Liebhaber schreibt und der Ferdinand als Schuldbeweis zugespielt wird.

Die Szene beginnt damit, dass Miller – aus der Haft entlassen – nach Hause kommt. Luise, die ihrem Vater zuliebe den kompromittierenden Brief geschrieben und damit ihre Liebe zu Ferdinand verraten hat, denkt an Selbstmord.

Zu 2

Luise hat einen „harten Kampf gekämpft" und dabei beschlossen, Selbstmord zu begehen, weil sie nur so ihre Liebe retten und ihre Ehre zurückerhalten kann.

Anfangs wirkt sie geradezu unheimlich ruhig und gefasst, selbst da, wo sie über den „Betrug" des Präsidenten monologisiert oder ihrem Vater den „dritten Ort" erklärt, den sie ungern benennen mag. In dieser Phase hat sie auch den größeren Redeanteil. Sie behauptet von sich, „nicht einsam" und „lustig" zu sein; sie fordert in einem Brief Ferdinand auf, mit ihr gemeinsam zu sterben; sie malt den Tod in leuchtenden Farben; sie erkennt, dass sie in dieser

Gesellschaft mit ihrer Liebe zu Ferdinand „nicht wohl gelitten" ist; sie *erstarrt*, als ihr Vater Selbstmord als Sünde bezeichnet, und verfällt auf die Lösung, „im *Hinuntersinken* Gott den Allmächtigen um Erbarmen [zu] bitten".

Als Luise bei der Erwähnung Gottes Schwäche zeigt, reißt Miller die Gesprächsführung an sich, und als die Drohung mit einem strafenden Gott nicht die erwünschte Wirkung zeigt, führt er ihre Kindespflicht ins Feld. Luise reagiert sofort stark emotional (vgl. die Regieanweisungen: *küsst seine Hand mit der heftigsten Rührung, stürzt ihm in den Arm, von Schauern ergriffen*). Aber erst als Miller sie theatralisch auffordert, das Vaterherz zu durchstechen, und *laut weinend fortstürzen will*, bricht Luises Entschluss in sich zusammen: „Was soll ich? Ich kann nicht! Was muss ich tun?" Sie opfert ihren Entschluss, selbstbestimmt zu sterben, sie opfert ihre Liebe, sie zerreißt den Brief an Ferdinand. Diese Auseinandersetzung hat sie ihre letzte Kraft gekostet; ihr gelingen nur noch Ausrufe und Ellipsen; sie will nur noch weg. Und Miller, *freudetrunken*, ist zu allem bereit: „Ich setze die Geschichte deines Grams auf die Laute, singe dann ein Lied von der Tochter, die, ihren Vater zu ehren, ihr Herz zerriss – wir betteln mit der Ballade von Türe zu Türe". Er weiß also sehr gut, was er da von seiner Luise gefordert hat.

Miller ist das ganze Gespräch über sehr emotional, was sowohl die Regieanweisungen als auch sein Text zeigen, der von Ausrufen, Gedankenstrichen, Sprachbildern wimmelt. (Beispiele: „– Gott! Gott!", „Himmlischer Vater, hart!", „Kind, Kind! Was für Reden sind das?", – „Kommt deine Einzige dann ans Ufer geschwommen", „der Gewissenswurm schwärmt mit der Eule", „dein Gaukelbild auf der schröcklichen Brücke zwischen Zeit und Ewigkeit" *– zu einem Sessel hinschwankend; drückt sie mit Feuer an seine Brust; laut weinend fortstürzen will; stürzt ihr freudetrunken an den Hals*).

Zu 3

Auf den ersten Blick können Väter nicht verschiedener sein als Miller und der Präsident. Aber sie haben auch Gemeinsamkeiten. Beide sehen ihre Kinder als ihr „Eigentum" an; beide schrecken nicht davor zurück, ihre Kinder zu erpressen; beide akzeptieren nicht, dass ihre Kinder andere Werte haben als sie. Die Unterschiede liegen sowohl in ihrem unterschiedlichen gesellschaftlichen Stand als auch in ihrem Charakter begründet. Standesabhängig ist, dass Miller ein Familienmensch und ein guter Bürger im Sinne christlicher Moral ist. Dass er seine Tochter nicht nur liebt, sondern ihr ein Mitspracherecht bei der Wahl ihres Ehemanns einräumen will (vgl. Wurms Werbung), ist schon seinem Charakter geschuldet. Allerdings ist er Bürgersmann genug, Ferdinand von dieser Wahl auszunehmen: Miller kennt die gesellschaftlichen Normen und stellt sie nicht in Frage.

Der Präsident ist als Adliger am Hof ganz anderen Werten verpflichtet: Fami-

lie und Moral sind nebensächlich, Karriere zählt. Jedes Mittel, sie zu beför-
dern, ist dabei recht. Skrupellosigkeit ist daher ein Grundbestandteil des Ver-
haltens in der höfischen Gesellschaft.

Eine Wertung der beiden Vaterfiguren hängt stark davon ab, was man betont.
Selbst der Präsident zeigt menschliche Regungen, wenn am Ende für ihn
zählt: „Er [Ferdinand] vergab mir!" (V,8)

IV II,3 Gestaltende Interpretation

Vorbemerkung

Dieser Aufgabentyp erfordert auch eine Interpretation, allerdings nicht vorrangig auf analytischem Wege. Den Schwerpunkt bildet die kreative Leistung, sich in eine Person hineinzuversetzen und aus ihrer Sicht zu denken, zu schreiben oder zu reden. Dabei muss deutlich werden, dass der Inhalt des Dramas, die Situation und die Denk- und Sprechweise des Protagonisten erfasst wurden.

Der Aufsatztyp gliedert sich in zwei unabhängige Teile: eine Analyse und die Gestaltungsaufgabe. Die Anbindung an eine Szene dient dazu, die Situation auszuleuchten, bevor man in die geforderte „Rolle" schlüpft.

Textstelle: II,3

Aufgabenstellung

1. Stellen Sie dar, welchen Eindruck der Zuschauer von Lady Milford vor und in dieser Szene gewinnt.
2. Die Begegnung mit Ferdinand löst in Lady Milford eine ganze Flut von Gefühlen aus. Und sie macht sich Gedanken, was nun werden soll. Gestalten Sie einen inneren Monolog, der ihre Verfassung direkt am Ende dieser Szene zum Ausdruck bringt.

Lösungsvorschläge

Zu 1

In der Szene I,7 bezeichnet Ferdinand die Lady Milford als „Schandsäule im Herzogtum" und „privilegierte Buhlerin"; damit ist ihre gesellschaftliche Position als Favoritin des Fürsten eindeutig und gleichzeitig negativ besetzt.

In der Szene II,1 tritt Lady Milford selbst auf und erscheint ganz anders als angekündigt. Der Zuschauer erlebt eine Frau, die das Hofleben verabscheut („erbärmliche Menschen", „Sklaven eines einzigen Marionettendrahts", „der giftige Wind des Hofes"). Sie sehnt sich nach Natürlichkeit und Liebe. Und sie hat auch schon den Mann gefunden, den sie liebt und mit dem sie „fliehen" will: Ferdinand. Ihre starken Gefühle und temperamentvollen Ausführungen weisen sie als zum Sturm und Drang zugehörig aus.

In II,2 wird ihr Bild durch ihre Reaktion auf die Ausführungen des Kammerdieners abgerundet: Sie befiehlt die Brillanten, die der Fürst ihr zur Hochzeit geschickt hat, sofort zu verkaufen und 400 geschädigten Familien damit zu helfen. „Soll ich den Fluch seines Landes in meinen Haaren tragen?"

Dann wird Ferdinand angekündigt und die gerade noch so selbstbewusste und hoheitsvolle Frau reagiert aufgeregt und konfus wie ein verliebtes Mädchen. Sie begrüßt Ferdinand *unter merkbarem Herzklopfen*. Aber das leitet das Gefühlskarussell, das sie in den nächsten Minuten erleben wird, erst ein. Als sie Ferdinands Ablehnung und Verachtung spürt, *zittert* sie, zeigt „Angst" und „Schmerz" und *schaut ihm groß ins Gesicht*. Dann beweist sie ihm in einer langen Verteidigungsrede, dass er sie nicht richtig eingeschätzt hat; dabei ist sie *sehr bewegt, beschwörend und feierlich*. Neben diesen Regieanweisungen bekennt sie selbst, dass ihr „zerrissenes Herz an tausend Dolchstichen blutet". Als Ferdinand ihr gesteht, dass er bereits an eine andere gebunden ist, zeigen zunächst wieder die stummen Reaktionen, wie tief sie verwundet ist: *Sie wendet sich bleich von ihm weg, sie hält das Gesicht mit beiden Händen bedeckt, sie zeigt den Ausdruck des heftigsten Leidens*. Aber ihr Stolz verbietet ihr, sich so großmütig zu erweisen, wie Ferdinand es von ihr erbittet. Statt ihn frei zu geben, spricht sie von ihrer „Ehre", von „unauslöschlich[er]" Beschimpfung und empfiehlt ihm: „Wehren Sie sich, so gut Sie können. – Ich lass alle Minen sprengen."

Zu 2
Nach diesem Wechselbad der Gefühle (Hoffnung auf wahre Liebe – Triumph über die siegreiche Kabale – Verwirrung und Gefühlsüberschwang bei Ferdinands Erscheinen – Betroffenheit über seine Kälte – Rührung und leidenschaftliches Werben um seine Gunst – Verzweiflung und abgrundtiefer Fall ins Nichts nach seiner Beichte – Aufbegehren gegen drohenden Spott und Häme) setzt der innere Monolog ein. Zur Sprache könnten kommen:
– Schwanken zwischen Verzweiflung und Zorn über Ferdinands Verhalten;
– Aufbegehren gegen ein ungerechtes Schicksal;
– Schwanken zwischen Selbstmitleid, Selbstironie und Stolz;
– Gedanken über den Hof und die zu erwartende „Beschimpfung";
– Gedanken über ihre zukünftige Rolle;
– Suche nach einem Ausweg aus der verfahrenen Lage (evtl. Rückkehr zu ihrem ursprünglichen Plan: „Ich muss ins Freie – Menschen sehen und blauen Himmel, und mich leichter reiten ums Herz herum").
Dabei muss die sprachliche Form der aufgewühlten Seelenlage der Lady Rechnung tragen, aber auch ihrem freien, unhöfisch-emotionalen Sprachstil, wie er vor allem in II,1 und 2 deutlich geworden ist – bis hin zu zentralen Vokabeln des Sturm und Drang (z. B. Herz, Gefühl, Natur, „groß und feurig", „wilde Wünsche", „abscheuliche Herrlichkeit"), Ellipsen und der häufigen Verwendung von Gedankenstrichen und Ausrufezeichen.

V III,1 Gestaltende Interpretation

Textstelle: III,1

Aufgabenstellung

1. Untersuchen Sie den Gesprächsverlauf aus Wurms Sicht.
2. Wurm verlässt den Präsidenten, um den „Liebesbrief" zu verfassen. Was geht in ihm vor? Verfassen Sie einen inneren Monolog.

Lösungsvorschläge

Zu 1

Wurm will Luise für sich gewinnen, dazu muss der Sohn des Präsidenten aus ihrem Leben verschwinden. Und er will sich an Miller rächen, weil dieser ihm bei seiner Werbung um Luise zu deutlich gezeigt hat, dass er nichts von ihm hält. Schließlich will Wurm sich dem Präsidenten unentbehrlich machen und so seine Position in der höfischen Welt festigen. Unter dieser Prämisse verläuft das Gespräch ganz vielversprechend für ihn.

– Der Präsident hat gerade eine bittere Niederlage einstecken müssen und weiß nicht weiter. Wurm bohrt genüsslich in der „Wunde", bis der Präsident klagt: „Wurm – Wurm – Er führt mich da vor einen entsetzlichen Abgrund."

– Wurm vergewissert sich, dass dem Präsidenten jedes Mittel recht ist, die Liebenden auseinanderzubringen: „[...] erklären Sie sich mir, wie viel Sie bei der fernern Weigerung des Majors auf dem Spiel haben – [...] Kann Er noch fragen, Wurm? – Mein ganzer Einfluss ist in Gefahr".

– Nun eröffnet Wurm seinen Plan mit den zwei zentralen Eckpunkten: „Den Herrn Major umspinnen wir mit List. Gegen das Mädchen nehmen wir Ihre ganze Gewalt zu Hilfe."

– Er zögert keine Sekunde, die bürgerlichen Werte als Druckmittel gegen Luise einzusetzen: ihre Liebe zum Vater und ihre religiösen Gefühle (der zu leistende Eid).

– Wurm hat auf jeden Einwand des Präsidenten eine gute Antwort, so dass er am Ende ein besonderes Lob seines Herrn einheimst: „Ja! ich gebe mich dir überwunden, Schurke. Das Geweb ist satanisch fein. Der Schüler übertrifft seinen Meister."

– Er ist schlau genug, die Wahl des angeblichen Liebhabers von Luise dem Präsidenten zu überlassen. So ist die „Kabale" am Ende eine gemeinsame. Das zeigt sich auch in der Aufgabenteilung: Der Präsident übernimmt den „Verhaftungssbefehl" für Miller und das Gespräch mit dem Hofmarschall, Wurm schreibt den „bewussten Liebesbrief".

Zu 2

Was geht in Wurm vor? Sicher empfindet er Triumph, vielleicht auch Verachtung für seinen Herrn, Befriedigung oder Stolz über die Kunst, dem Präsidenten das schmackhaft zu machen, was ihm, Wurm, am meisten dient.

– Vorfreude über die Rache an Miller; Gedanken an Luise (Verlangen – Ferdinand ausstechen – ihr „großherzig" vergeben und die Hand reichen – ihre Dankbarkeit im Voraus auskosten).

– Einen weiteren entscheidenden Anteil in den Gedanken muss der „Liebesbrief" haben. Wurm könnte Entwürfe formulieren, verwerfen und erneut formulieren – mit den entsprechenden Kommentaren. Dabei sollten Teile des echten Briefes (III,6) bereits auftauchen.

– Insgesamt sollte Wurms Charakter (kleinlich, kriecherisch, gewissenlos, Aufsteiger-Mentalität, beharrlich, ehrlos) in allem, was er denkt, deutlich werden.

VI IV, Gestaltende Interpretation

Textstelle: Akt IV

Aufgabenstellung

1. Stellen Sie den IV. Akt im Handlungsablauf des Dramas dar.
2. Verfassen Sie einen Brief Schillers an Wilhelm Friedrich Reinwald, Bibliothekar in Meiningen, in dem er die Schwierigkeiten beim Abfassen dieses Aktes beschreibt. Gehen Sie dabei von folgendem Briefzitat an Reinwald vom 3. Mai 1783 aus: „Meine L. M. *[Louise Millerin]* jagt mich schon um fünf Uhr aus dem Bette. Da sitz ich, spitze Federn und kaue Gedanken."

Lösungsvorschläge

Zu 1

In den ersten drei Akten werden die Konfliktsituationen der Liebe und der Kabale aufgezeigt und zu einem vorläufigen Höhepunkt geführt:

- Auslöser des Konflikts ist die Liebe zwischen dem Bürgermädchen Luise Miller und dem adligen Offizier Ferdinand von Walter; eine offizielle Verbindung der beiden ist in der Ständegesellschaft nicht möglich;
- Widerstand der beiden Väter gegen eine solche Verbindung (unterschiedliche Motive des Präsidenten und Millers);
- die Pläne des Präsidenten und des Sekretärs (Wurms persönliche Motive) und deren Auswirkungen (Verhaftung Millers, erzwungener „Liebesbrief" Luises an den Hofmarschall);
- die Gegensätze in den Wertvorstellungen zwischen den beiden Liebenden (die mehr „realistische" Einstellung Luises gegenüber den gesellschaftlichen Zwängen, die „idealistische" Absolutheit Ferdinands, v.a. der Konflikt zwischen Liebe und Pflicht, III,4).

Nach dem dramatischen Verlauf der ersten drei Akte führt der IV. Aufzug inhaltlich zu keinen weiteren Verwicklungen. Er führt zu einer Verlangsamung des Geschehens im Sinne einer dramatischen Ökonomie (retardierendes Moment), hält gewissermaßen inne, um

- die Wirkungen der Wurm'schen Kabale aufzuzeigen (IV,1–3: das fast autistische Verhalten Ferdinands),
- die Klärung der Positionen Lady Milfords und Luises deutlich zu machen (Verzicht auf Ferdinand, Verzicht der Lady auf das Hofleben).

Mit diesen Klarstellungen (Ferdinand: „Die Vermählung ist fürchterlich –
aber ewig!", IV,4; Luise: „Nur vergessen Sie nicht, dass zwischen Ihren Braut-
kuss das *Gespenst einer Selbstmörderin* stürzen wird", IV,7) wird die Katastrophe
im V. Akt angedeutet und vorbereitet.

Zu 2
Der Brief ist an den wesentlich älteren Bibliothekar gerichtet, dessen Mei-
nung Schiller sehr wichtig war.
Folgende inhaltliche Aspekte können angesprochen werden:
– der Zwang, rechtzeitig das Stück zu liefern, wie es mit dem Mannheimer
  Nationaltheater vertraglich vereinbart war;
– die Vereinsamung des 23-Jährigen in der Abgeschiedenheit in Bauerbach
  ohne die Möglichkeit, mit Gleichgesinnten über seine Arbeit sich auszutau-
  schen;
– die Stellung des IV. Aktes in dem dramatischen Handlungsablauf (dramatische Ökonomie, Klärung der Positionen Ferdinands und Luises);
– wenig Rücksichtnahme auf die psychologische Wahrscheinlichkeit der Figuren (vor allem die Sprache Luises, IV,7) – stattdessen:
  – Aufzeigen der Auswirkungen der Wurm'schen Kabale,
  – Erzielen dramatischer Kontraste (v. a. Ferdinand/Hofmarschall),
  – Hervorhebung der Konfrontation zwischen adligen und bürgerlichen
    Wertvorstellungen (Lady Milford/Luise).

In der sprachlichen Gestaltung sollte durchaus das jugendliche Alter des
Autors deutlich werden (spontane persönliche Wendungen und Ausdrücke der
Sturm-und-Drang-Sprache), jedoch keine dramatische Sprache wie in dem
Werk (keine Ausrufe, Ellipsen, dichterische Bilder). Überwiegend sachlicher
Stil.

VII „Kabale und Liebe. Ein bürgerliches Trauerspiel"

Aufgabenstellung für die mündliche Prüfung

1. Nennen Sie die Merkmale, die Schillers Drama als ein „bürgerliches Trauerspiel" kennzeichnen.
2. Lessings „Emilia Galotti" (1772) gilt als Vorbild für diese Gattung in der deutschsprachigen Literatur. Gehen Sie von folgender Kurzcharakteristik des Lessing'schen Dramas aus und stellen Sie die Unterschiede zu Schillers „Kabale und Liebe" heraus:

„Dieses epochemachende Stück zeigt die verbrecherische Willkür eines Fürsten, dessen wollüstige Begierde nicht vor der bürgerlichen Tugend und schließlich auch nicht vor dem Meuchelmord zurückschreckt. [...] ein Kammerspiel, worin ein heiler familiärer (bürgerlicher) Innenraum durch adlige Gewalt von außen verwüstet wird. Der brave Vater rettet die Ehre seiner Tochter, indem er sie tötet, ehe sie vom adligen Wüstling verführt werden kann. [...] [Eine] heroisierende Darstellung der Opferung einer Tochter im Namen des Reinheitsgebotes bürgerlicher Tugend [...]. Seit Lessing war die Verbindung zwischen der Kritik adliger Lasterhaftigkeit und dem Lob bürgerlicher Tugend zu einem dramatischen Topos geworden."
(Rüdiger Safranski, *Schiller oder Die Erfindung des Deutschen Idealismus*, München/Wien, 2004, S. 172 f.)

Lösungsvorschläge

Zu 1

Folgende Aspekte können genannt und erläutert werden:
- Personen des bürgerlichen Standes als Träger der Handlung (Familie des Musikus Miller);
- Konflikte entstehen (auch) durch die Standesschranken (Liebe zwischen dem adligen Offizier und dem Bürgermädchen);
- bürgerliche Tugenden (Ehrfurcht vor Gott, vor einem geleisteten Eid, Kindesliebe) stehen gegen (hof)adlige Lasterhaftigkeit (Mätressenwesen, Korruption, Verbrechen);
- Anklage gegen absolutistische Despotie (Soldatenhandel);
- realistische Prosa (verschiedene Sprachebenen: Miller – Präsident, Ferdinand).

Zu 2

Die Welt des Adels tritt in Schillers Stück in mehrfacher Ausprägung auf:

- lasterhaft, verderbt, despotisch (Präsident und Sekretär Wurm), indirekt in der Gestalt des Fürsten (abgedankte Mätresse, Soldatenhandel);
- „revolutionär" und idealistisch (Ferdinand);
- gebrochen (Lady Milford);
- keine „wollüstige Begierde" eines Fürsten, sondern wirkliche (Selbst-)Liebe des adligen Offiziers zu dem Bürgermädchen: Ferdinand ist kein „adliger Wüstling", kein raffinierter Verführer, er wird selbst von seinen Gefühlen beherrscht;
- Zerbrechen des Verhältnisses zwischen den Liebenden nicht (nur/in erster Linie) an den Standesschranken, sondern von innen heraus (Luises Liebe zum Vater, Ferdinands Eifersucht);
- Katastrophe geschieht nicht in der „Opferung einer Tochter" durch den Vater „im Namen des Reinheitsgebotes bürgerlicher Tugenden"; die Kabale geht nicht auf, Ferdinand vergiftet Luise und sich;
- Fazit: das gesellschaftlich bedingte (Standes-)Konfliktpotenzial wird weitgehend auf die Dispositionen der Personen konzentriert.

Weiterführende Frage

Ausprägung des bürgerlichen Trauerspiels in Friedrich Hebbels „Maria Magdalene" (1844):

- Anstelle der Konfrontation zwischen absolutistischer Adelsherrschaft und der bürgerlichen Schicht wird nun die Konfliktsituation in das Bürgertum selber verlagert.
- Die Kritik richtet sich an die überkommene moralische Verhärtung und das materielle Interesse innerhalb des (Klein-)Bürgertums.
- Der Verführer Leonhard verlässt die schwangere Geliebte wegen einer besseren Partie.
- Der Vater Maria Magdalenes, der Tischlermeister Anton, treibt seine Tochter in den Selbstmord aus einer moralischen Engstirnigkeit heraus.

VIII „Frei und souverän ist in diesem Stück keine Figur."

(Rüdiger Safranski, *Schiller oder Die Erfindung des Deutschen Idealismus*, München/Wien 2004, S. 180)

Aufgabenstellung für die mündliche Prüfung

1. Führen Sie Belege aus „Kabale und Liebe" an, die Safranskis These stützen.
2. Zeigen Sie an einem Drama Ihrer Wahl die Unfreiheit der Figuren.

Lösungsvorschläge

Zu 1

Äußere Zwänge und innere Dispositionen, die das Handeln der Personen weitgehend bestimmen:
- Standesschranken (Miller, Luise),
- (klein)bürgerliche Normen (Miller, Luise),
- dunkle, verbrecherische Vergangenheit (Präsident, Wurm),
- Ferdinands absoluter Anspruch gegenüber Luise, der ihn zu Misstrauen und Eifersucht und schließlich in die Katastrophe führt,
- Luises religiöse Verpflichtung, die sie den erzwungenen, aber „vor Gott geleisteten" Eid halten lässt; ihre Kindesliebe gegenüber dem Vater, die zum Verzicht führt.

Zu 2

Beispiel: Georg Büchner, „Woyzeck" (1836)

Inhalt: Der Barbier und Soldat Woyzeck ist ein von seinen Vorgesetzten (Hauptmann, Doktor) geschundener Mensch. Er liebt und versorgt Marie und ihr gemeinsames Kind, trotz seiner materiellen Not. Als er merkt, dass Marie ihn mit dem Tambourmajor betrügt, ersticht er sie.

Dargestellt wird das Gebundensein menschlichen Handelns an Herkunft (Vererbung) und Milieu: „Es liegt in niemands Gewalt, kein Dummkopf oder Verbrecher zu werden."
- Woyzeck ist ein von Herkunft und gesellschaftlicher Schicht bestimmter Mensch, ein hilfloses Opfer des Milieus, ein sogenannter „passiver Held".

– Er stößt bei dem Versuch seiner Selbstbestimmung stets auf die soziale Schranke, die ihn zu einem untergeordneten Menschen macht (gegenüber dem Hauptmann, dem Doktor, dem Tambourmajor).

– Tugend und Moral sind abhängig von der ökonomischen Lage. Woyzeck zu dem Hauptmann: „Sehen Sie, wir gemeine Leut, das hat keine Tugend, es kommt einem nur so die Natur, aber wenn ich ein Herr wär und hätt einen Hut und eine Uhr und eine anglaise und könnt vornehm reden, ich wollt schon tugendhaft seyn."

Als Beispiele können auch angeführt werden die naturalistischen Dramen Gerhart Hauptmanns („Vor Sonnenaufgang", „Fuhrmann Henschel", „Rose Bernd"), in denen die sozialen und psychischen Mechanismen bloßgelegt werden, die das Handeln der Personen bestimmen, die von Erbanlagen, von Milieu, Konventionen und Triebwelt beherrscht sind.

Weiterführende Aspekte

Die „positiven" Helden in klassischen Dramen, die dem Schicksal – auch im Untergang – aktiv (idealistisch) begegnen/trotzen: Lessings Nathan, Goethes Iphigenie, Schillers Wallenstein und Wilhelm Tell.

Stichwortverzeichnis

NOTIZEN:

Lektürehilfen –
damit keine Fragen offenbleiben!

Alfred Andersch
Sansibar oder der letzte Grund
ISBN 978-3-12-923091-6

Bertolt Brecht
Leben des Galilei
ISBN 978-3-12-923155-5
Mutter Courage und ihre Kinder
ISBN 978-3-12-923108-1

Georg Büchner
Dantons Tod
ISBN 978-3-12-923133-3
Lenz
ISBN 978-3-12-923089-3
Woyzeck
ISBN 978-3-12-923164-7

Friedrich Dürrenmatt
Der Besuch der alten Dame
ISBN 978-3-12-923127-2
Der Richter und sein Henker
ISBN 978-3-12-923129-6
Die Physiker
ISBN 978-3-12-923148-7

Joseph von Eichendorff
Aus dem Leben eines Taugenichts
ISBN 978-3-12-923157-9

Jenny Erpenbeck
Heimsuchung
ISBN 978-3-12-923176-0

Theodor Fontane
Frau Jenny Treibel
ISBN 978-3-12-923105-0
Irrungen, Wirrungen
ISBN 978-3-12-923012-1

Max Frisch
Andorra
ISBN 978-3-12-923159-3
Homo faber
ISBN 978-3-12-923119-7

Arno Geiger
Unter der Drachenwand
ISBN 978-3-12-923169-2

Johann Wolfgang von Goethe
Faust – Erster Teil
ISBN 978-3-12-923126-5
Iphigenie auf Tauris
ISBN 978-3-12-923062-6

Judith Hermann
Sommerhaus, später
ISBN 978-3-12-923139-5

Wolfgang Herrndorf
Tschick
ISBN 978-3-12-923049-7

Hermann Hesse
Der Steppenwolf
ISBN 978-3-12-923107-4

E.T.A. Hoffmann
Der goldne Topf
ISBN 978-3-12-923106-7
Der Sandmann
ISBN 978-3-12-923143-2

Franz Kafka
Der Proceß
ISBN 978-3-12-923149-4
Der Verschollene
ISBN 978-3-12-923173-9
Die Verwandlung
ISBN 978-3-12-923145-6

Heinrich von Kleist
Marquise von O... / Erdbeben
in Chili
ISBN 978-3-12-923144-9
Michael Kohlhaas
ISBN 978-3-12-923024-4
Prinz Friedrich von Homburg
ISBN 978-3-12-923056-5
Der zerbrochne Krug
ISBN 978-3-12-923175-3

Hartmut Lange
Das Haus in der Dorotheenstraße
ISBN 978-3-12-923138-8

Gotthold Ephraim Lessing
Emilia Galotti
ISBN 978-3-12-923137-1
Nathan der Weise
ISBN 978-3-12-923068-8

Thomas Mann
Bekenntnisse des
Hochstaplers Felix Krull
ISBN 978-3-12-923172-2
Buddenbrooks
ISBN 978-3-12-923058-9
Der Tod in Venedig
ISBN 978-3-12-923095-4
Mario und der Zauberer
ISBN 978-3-12-923168-5

Friedrich Schiller
Kabale und Liebe
ISBN 978-3-12-923065-7
Wilhelm Tell
ISBN 978-3-12-923109-8

Bernhard Schlink
Der Vorleser
ISBN 978-3-12-923136-4

Robert Seethaler
Der Trafikant
ISBN 978-3-12-923113-5

Uwe Timm
Halbschatten
ISBN 978-3-12-923103-6

Hans-Ulrich Treichel
Der Verlorene
ISBN 978-3-12-923165-4

Juli Zeh
Corpus Delicti. Ein Prozess
ISBN 978-3-12-923171-5

NOTIZEN: